Brigitte Waldens

Aufgegabelt

Koch-Geschichten mit Geschmack

Zu diesem Buch

Was kocht denn da?

Zu Gast am Küchentisch kommt der Appetit schon vor dem Essen. Denn beim Blick in Topf und Schüssel wächst die Lust zu erfahren, was denn da aus leckeren Zutaten zubereitet und gekocht wird.

Brigitte Waldens, Journalistin und Autorin zahlreicher Sachbücher, ist dem kleinen Hunger nach frischen Nachrichten gefolgt. Von ihrem Streifzug durch die Küchen daheim und anderswo hat sie Interessantes und Kurioses mitgebracht. Unter anderem machte sie Bekanntschaft mit der Namenspatin der Crêpes Suzette, löste das Rätsel der Maultaschen, entdeckte, woher der Bienenstich kommt und erfuhr, wie die Brezel zur Lebensretterin wurde und was das Eisbein mit dem Winter zu tun hat.

Dies und mehr serviert Brigitte Waldens auf einem bunten Teller voll vergnüglicher Anekdoten, garniert mit passenden Rezepten. Kein übliches Kochbuch, sondern appetitanregende Lektüre der köstlichen Art. Viel Spaß damit.

Seitenweise Leckeres

.

Aachener Printen

Ein merkwürdiges Gebilde.
Den Belgiern sei Dank.

Um der Printe auf die Spur zu kommen, müssen wir weit zurück ins Jahr 1000. Zu diesem Zeitpunkt soll in der belgischen Stadt Dinant zu religiösen Anlässen ein sogenanntes Gebildebrot gebacken worden sein, das als Vorläufer der bis heute so begehrten Printe gilt. Dieses spezielle Brot hatte die Gestalt von Figuren, Tieren oder Menschen, die aus dem Teig in Formen gepresst wurden. Ein Verfahren, das der Printe ihren Namen gab. Denn das niederländische „prent" heißt nichts anderes als Bild oder Abdruck. Doch bis das Gebäck nach Aachen kam, sollten noch einige hundert Jahre ins Land gehen. Erst zwischen dem 16. und 17. Jahrhundert brachten belgische Einwanderer ihr Gebildebrot nach Deutschland.

Die Rübe als Blockadebrecher

Bis die klassische Aachener Kräuterprinte entstand, dauerte es dann nochmals rund zweihundert Jahre. Nachdem Kaiser Napoleon 1806 eine Wirtschaftsblockade gegen England verhängte hatte, bekamen die ansässigen Printenbäcker ein Problem. Denn aufgrund der Kontinentalsperre konnten sie weder Wildblütenhonig noch Rohrzucker von der Insel importieren – notwendige Zutaten für den damaligen Printenteig.

Gezwungenermaßen mussten die Bäcker experimentieren. Als Ersatz für die gewohnten Rohstoffe verwendeten sie Rübensaft und Rübenzucker in der Hoffnung, die richtige Mischung zu finden. 1820 meldet der Aachener Henry Lambertz den Durchbruch und stellte seine neue Kräuterprinte vor. Zwar ließ sich diese deutlich weichere Variante nicht mehr in Formen pressen, dafür aber wesentlich besser in Stücke schneiden und portionieren. Eine wichtige Voraussetzung für die fabrikmäßige Fertigung.

Gut zu wissen: Die Bezeichnung Aachener Printen ist mittlerweile von der EU geschützt und darf nur für die Spezialität verwendet werden, die wirklich aus Aachen oder den umliegenden Orten stammt.

Das Rezept

Für 8 Portionen

Die Zutaten

600 g Mehl
500 g Rübensirup
150 g zerkleinerter Kandis
100 g Zucker
60 g gewürfeltes Orangeat
5 g Pottasche
Je 1 Prise Piment, Kardamon, Muskat und Natron
3 TL Anis
2 TL Koriander
2 TL Zimt

So wird's gemacht:

Pottasche in etwas Wasser auflösen. Den Rübensirup erhitzen. Alle Zutaten dazu geben und zu einem Teig verkneten. In Folie einwickeln und über Nacht ruhen lassen.
Backofen auf 200-220°C vorheizen. Den Teig anderthalb Zentimeter dick ausrollen, in 3 x 7 cm große Rechtecke schneiden und auf ein Backblech mit Backpapier legen. Mit Milch einpinseln. Das Blech in der Mitte des Ofens platzieren und die Printen etwa 15 Minuten backen.

Arme Ritter

Ja, so s’ans.
Die armen Rittersleut.

So war es wohl: Wenn ein Ritter in einer Schlacht unterlegen war, zudem Hab und Gut an den Sieger verloren hatte, blieb ihm nicht mehr viel, um seinen Hunger zu stillen. Das mussten schon die Legionäre im alten Rom erfahren. Auch im Mittelalter hatte sich daran nichts geändert. Also hieß es, den Gürtel enger zu schnallen, vorläufig Fleisch vom Speisezettel zu streichen und im Vorratsschrank nach verwertbaren Resten zu stöbern.

Aber: Die Resteverwertung aus trockenem Brot, Eiermilch, viel Schmalz, dazu Zimt und Zucker, wenn möglich, brachte Köstliches auf den Tisch. Die „Armen Ritter“ entzückten deshalb über die Jahrhunderte hinweg kleine wie große Leckermäuler gleichermaßen.

Von märchenhaft bis königlich

Schon im 14. Jahrhundert fand das süße Gericht im *buoch von gouter spise* Erwähnung. Auch die Gebrüder Grimm notierten in ihrem Wörterbuch *„snit denne aht snitten arme ritter und backe die in smalze niht zu trüge.“*

Interessanterweise kennt man die armen Rittersleut‘ sogar im Buckingham Palace. Dort sind sie unter dem Namen *„poor knights of Windsor – als Arme Ritter von Windsor* gern gesehene Gäste an der königlichen Tafel. Denn auch die Queen soll dann und wann Appetit auf etwas Einfaches aus der gut-bürgerlichen Küche haben.

Das Rezept

Für 4 Portionen

Die Zutaten

4 Scheiben Toast, Weißbrot oder halbe Brötchen
1 Ei
½ Liter Milch
60 g Butter
1 Prise Salz
Zimt
Zucker

So wird's gemacht:

Milch, Ei, Zucker und Salz verquirlen, das Brot in der Eiermilch einweichen. Dann das Fett in einer Pfanne erhitzen und die Brotscheiben von beiden Seiten goldbraun braten lassen. Noch heiß mit Zucker und Zimt bestreuen. Warm servieren.

Berliner Ballen

Kanonenfutter aus Berlin.
Diese Kugeln sind ein Treffer.

Es war einmal ein Zuckerbäcker in Berlin, der so gar kein Talent zum Soldaten hatte. Ursprünglich um anno 1756 in der Armee Friedrich des Großen als Kanonier eingesetzt, erwies er sich nur als mittelmäßiger Schütze und musste den Dienst quittieren. Daraufhin erhielt er als Bäcker die Aufgabe, für den „Alten Fritz" Kuchen und Gebäck herzustellen. Doch wenigstens jetzt wollte der brave Mann seine Verbundenheit zu Preußenkönig und Militär unter Beweis stellen. Fragte sich nur noch, wie.

Nach einigem Überlegen fand der gewitzte Bäcker eine überzeugende Lösung: Wie wär's denn mit essbaren Kanonenkugeln? In Ermangelung eines Backofens griff der findige Mann kurzentschlossen zur eisernen Fettpfanne, um die Teigbällchen darin auszubacken. Zum Schluss noch etwas Puderzucker darüber – und fertig waren die „Berliner", wie der Bäcker seine Kreation als Referenz an seine Heimatstadt nannte.

Das Rezept

Für 15 Stück

Die Zutaten

380 g Mehl
180 ml warme Milch
30 g Zucker
½ Würfel Hefe
3 Eigelbe
40 g weiche Butter
1 Prise Salz
1 EL Puderzucker
Fett zum Ausbacken

Für die Füllung
400 g Konfitüre nach Wahl, Pflaumenmus und Eierlikör schmecken auch gut.

So wird's gemacht:

Mehl in eine Schüssel geben und eine Mulde eindrücken.
5 EL warme Milch, 1 Prise Zucker und die zerbröckelte Hefe verrühren und in die Vertiefung geben. Zugedeckt an einem warmen Ort etwa 10 Minuten gehen lassen.
Nun Eigelbe, Butter, Salz, die restliche Milch und den Zucker zum Teig geben, alles glatt verkneten. Wieder zugedeckt für eine Stunden an einen warmen Ort stellen, bis sich das Teigvolumen verdoppelt hat.
Jetzt den Teig mit den Händen durchkneten und auf einer bemehlten Arbeitsfläche etwa ½ cm dick ausrollen. Mit einem runden Ausstecher ca. 7 cm große Teigtaler formen. Auch diese nochmals 20 Minuten ruhen lassen.
Anschließend das Frittierfett in einem Topf auf etwa 170°C erhitzen. Die Temperatur ist richtig, sobald an einem Holzlöffel, der in das Backfett getaucht wird, kleine Bläschen aufsteigen.
Portionsweise die Teigtaler hineingeben und etwa 2 Minuten frittieren. Wenden, und noch eine Minute ausbacken.
Die fertigen Berliner Ballen mit einer Schaumkelle aus dem Topf heben und abkühlen lassen.
Nun die Marmelade in eine kleine Lochtülle geben, die Ballen füllen und mit Puderzucker bestäuben.

Bienenstich

Attacke mit Gesumm.
Das Geschwader aus dem Bienenstock.

Naschen kann manchmal hilfreich sein und sogar zu einer großen Heldentat werden. Das erlebten auch die beiden Bäckerjungen Franzje und Döres aus Andernach, als sie an einem frühen Morgen im Jahre 1474 die Stadtmauer entlang spazierten, um aus den dort aufgestellten Bienenstöcken etwas Honig zu stibitzen.

Die Azubis trauten ihren Ohren und Augen nicht, als sie plötzlich Waffengeklirr hörten und anrückende Truppen erblickten. Im Anmarsch waren geharnischte Bürger aus der Nachbarstadt Linz, voll Groll darüber, dass der Kaiser ihnen den lukrativen Zoll für die Rheinschifffahrt entzogen und den Andernachern zugesprochen hatte.

Treffsicher ins Ziel

Die Bäckerlehrlinge reagierten geistesgegenwärtig und warfen kurzerhand die Körbe mit dem summenden Inhalt auf die heranrückenden Angreifer. Unter der stichhaltigen Attacke der erbosten Bienen ergriffen die Linzer die Flucht – Franzje und Söres bekamen hingegen fürs Naschen keine Strafe, sondern süßen Lohn. Die Bäckerzunft kreierte zur Erinnerung an die Heldentat einen Blechkuchen mit leckerer Creme-Mandel-Füllung, den bis heute allseits beliebten Bienenstich.

Das Rezept

Zutaten für einen Kuchen

150 g Zucker
100 g Mehl
4 Eier
1 Pck. Vanillezucker
1 TL Backpulver
1EL Zucker
½ Pck. Mandelblättchen
2 Becher Schlagsahne
1 Pck. Vanillecreme-Pulver (z.B. Paradies-Creme)

So wird's gemacht:

Eier mit Zucker und Vanillezucker schaumig rühren. Zügig Mehl und Backpulver unterrühren. Den Teig in eine runde Backform geben.
Die Mandelblättchen mit einem Esslöffel Zucker in einer Pfanne anrösten, dann auf den Teig geben. Bei 175°C Unter- und Oberhitze ca. 30 Minuten backen.
Zwischenzeitlich das Vanillecreme-Pulver mit den beiden Bechern Sahne verquirlen. Den fertig gebackenen Kuchen erkalten lassen, quer durchschneiden und mit der Creme füllen. Die mit Mandeln bestückte Küchenhälfte als Deckschicht obendrauf setzen.

Bismarckhering

Bitte zu Fisch.
Ein guter Fang für den Nimmersatt.

Man möge das offene Wort verzeihen: Aber schon zu Lebzeiten galt Reichskanzler Otto Fürst von Bismarck als Vielfraß. Wie sein Leibarzt berichtete, verspeiste der schwergewichtige Politiker ohne Weiteres schon mal 16 Eier zum Frühstück. Auch hatte er zu Empfängen vorsorglich ein paar Butterbrote im Gepäck auf den Verdacht hin, am Buffet nicht satt werden zu können.

Eine clevere Marketing-Idee

Als Liebhaber von Fisch und Meeresfrüchten aller Art schätzte Bismarck auch den heimischen Hering über alle Maßen. Dieses Faible nutzte der Fischkonservenfabrikant Johann Wiechmann aus Stralsund geschickt für das eigene Unternehmensmarketing aus. Selbst ein glühender Verehrer Bismarcks, schickte er dem ‚eisernen' Kanzler zum Geburtstag stets ein fischiges Präsent ins Haus. Auch zur Reichsgründung 1871 gratulierte der Händler mit einem Fässchen eingelegter Ostseeheringe. Im beigefügten Schreiben bat der Fabrikant alleruntertänigst darum, den so marinierten Fisch in Zukunft „Bismarck-Hering" nennen zu dürfen.

Fürst Otto bedankte sich in einem persönlichen Brief für das appetitliche Geschenk und gestattete großzügig, fortan seinen Name für die Fischspezialität zu verwenden. So berichten es die Nachfahren Johann Wiechmanns mit Nachdruck und Überzeugung. Denn leider ging das wertvolle Dokument 1944 beim Bombardement Stralsunds verloren. Erhalten ist uns jedenfalls ein schmackhafter Hering namens Bismarck – eine Zierde für jedes Fischbrötchen.

Das Rezept

Für 6 Personen

Die Zutaten

6 küchenfertige grüne Heringe
4 EL Salz
2 Zwiebeln
0,5 Liter Weißweinessig
1 Prise Zucker
1 Lorbeerblatt
Je 8 Pfeffer- und Senfkörner

So wird's gemacht:

Die Heringe dick mit Salz einreiben und ca. 3 Stunden zugedeckt ziehen lassen.
Zwiebeln in Ringe schneiden, mit den übrigen Zutaten in einen Topf mit Wasser geben und aufkochen lassen.
Heringe unter fließendem Wasser abspülen und trockentupfen. In einen Steingutbehälter legen, den Zwiebel-Gewürzsud darüber gießen und zwei Tage ziehen lassen.

Blindhuhn

Ein Topf voll guter Sachen. Doch keine Spur von Federvieh.

Bereits die berühmte Kochbuch-Autorin Henriette Davidis bezeichnete das „Blindhuhn“ als westfälisches Nationalgericht. Allerdings: Wer in diesem Eintopf nach schmackhaftem Hühnerfleisch fahndet, wird vergeblich suchen. Getreu dem Sprichwort „Auch ein blindes Huhn findet mal ein Korn“ soll jeder in diesem Allerlei etwas aufstöbern, das ihm schmeckt. Nur eben Nichts vom Huhn.

Eine andere Interpretation, die von Henriette Davidis selbst stammt, weist auf die herbstliche Nachlese hin. Dabei übernimmt der Koch die Rolle des blinden Huhns, das nach der Ernte die verbleibenden Reste aus dem Garten zusammensucht, um daraus ein schmackhaftes Eintopfgericht zu zaubern.

Das Rezept

Für 4 Personen

Die Zutaten

400 g grüne Bohnen
300 Kartoffeln
300 g Möhren
300 g geräucherter durchwachsener Speck
1 Dose weiße Bohnenkerne 425 ml
Je 2 Zwiebeln, Äpfel, Birnen, Stängel Bohnenkraut
ein halbes Bund Oregano
1 l Gemüsebrühe
2-3 EL Apfelessig
Salz, Pfeffer , Zucker

So wird's gemacht:

Zwiebelwürfel und Speckscheiben in ½ Liter Wasser eine Stunde köcheln lassen. In der Zwischenzeit die Bohnen putzen, Kartoffeln und Möhren würfeln, Äpfel und Birnen schälen, in Würfel bzw. Spalten schneiden. Bohnenkraut und Oregano waschen und trocken schütteln. Weiße Bohnen abgießen, mit kaltem Wasser abspülen und abtropfen lassen.
Sämtliche Zutaten zum Speck geben. Gemüsebrühe angießen und alles rund 30 Minuten köcheln lassen. Mit Salz, Pfeffer, Zucker und Essig abschmecken und anrichten.

.

Carpaccio

Wie gemalt.
Kunst in dünnen Scheiben.

Das hauchdünn geschnittene, rohe Rinderfilet trägt einen berühmten Namen. Und das kam so: Guiseppe Cipriani, in den 1950ern Besitzer von *Harry's Bar* in Venedig, lag das Wohl seiner Gäste sehr am Herzen. Als ihm seine Stammkundin, die Contessa Amalia Nabi Mocenigo, anvertraute, auf ärztliches Anraten hin kein gegartes Fleisch mehr verzehren zu wollen, zerbrach sich der gewiefte Koch den Kopf, um eine Lösung zu finden. Eine Lösung, die schmackhaft war und zugleich den Empfehlungen des Mediziners gerecht wurde.

Rohkost vom Rind

Also warum nicht eine Variante aus rohem Fleisch probieren? In Scheibchen, durch die man durchgucken konnte. Angerichtet mit einer speziellen Mayonnaise á la Cirpiani, um den gewöhnungsbedürftigen Geschmack aufzupeppen.

Der Venezianer benannte seine Erfindung nach dem Renaissance-Maler Vittore Carpaccio, der für seine starken Rot-und-Weiß-Töne bekannt war. Und dem, wie es der Zufall wollte, gerade eine große Ausstellung in der Lagunenstadt gewidmet wurde.

Leider ist nicht bekannt, was die Contessa zu der Kreation sagte. Wichtiger ist aber wohl, dass Carpaccio seitdem mit zu den berühmtesten italienischen Vorspeisen gehört.

Das Rezept

Für 4 Personen

Die Zutaten

600 g Rinderfilet
200 g Parmesan
200 g Feldsalat
30 ml Olivenöl
10 ml Balsamico
2 El Preißelbeeren
1 TL Honig
1 TL Zimt
Grobes Meersalz
Pfeffer

So wird's gemacht:

Feldsalat waschen und in eine große Schüssel geben. Parmesan hobeln und beiseite stellen
Essig, Honig und Zimt mixen, unter ständigem Ruhren das Olivenöl hinzufügen, bis die Soße eine sämige Konsistenz aufweist. Die Preißelbeeren unterrühren und das Ganze mit dem Salat mischen. Einen Rest für später zurück behalten.
Das Fleisch in hauchdünne Scheiben schneiden, auf vier Tellern verteilen und mit Pfeffer aus der Mühle würzen. Parmesanhobel über dem Carpaccio verteilen. Den Feldsalat in der Mitte der Teller anrichten und mit dem restlichen Dressing beträufeln. Zum Schluss eine Prise Meersalz über die Vorspeise geben.

Cesars Salad

Resteverwertung in Sternequalität.
Da haben wir den Salat.

Kein Alkohol zum Essen. Während der Prohibition, die lange dreizehn Jahre von 1920 bis 1933 dauerte, hatte es die Gastronomie in den Vereinigten Staaten schwer. Da an Spirituosen nur illegal heranzukommen war, erfreute sich im Süden der kleine Grenzverkehr in Richtung Mexico großer Beliebtheit. Denn dort gab es kein Ausschankverbot.

Davon profitierte auch Cesare Cardini, der damals in Tijuana das Restaurant *Cesar's Place* betrieb. So herrschte auch am 4. Juli 1924, dem US-Nationalfeiertag, wieder mal Hochbetrieb im Haus. Die Gästeschar wuchs rasant, so dass die Küche den Ansturm nicht mehr bewältigen konnte. Zudem drohten die Vorräte zur Neige zu gehen.

Der Küchenchef reagierte prompt und klug. Er wies seine Mitarbeiter an, aus dem noch reichlich vorhandenen Römersalat, ergänzt mit einem pikanten Dressing, Hühnerfleisch und weiterem Gemüse, ein schmackhaftes neues Gericht zuzubereiten. Wie wir heute wissen, wurde aus der kulinarischen Verlegenheitslösung ein Top-Seller, der die Restaurants der Welt eroberte.

Das Rezept

Für 4 Portionen

Die Zutaten

1 Römersalat
3 Scheiben Toastbrot
50 g geriebener Parmesan
Öl zum Braten
4 klein geschnittene Knoblauchzehen
1 Ei
4 Sardellenfilets
2 TL Dijon-Senf
Saft von einer halben Zitrone
Pfeffer aus der Mühle
150 ml Keimöl für das Dressing

So wird's gemacht:

Salat waschen, trocknen und in mundgerechte Stücke teilen. In einer Schüssel beiseite stellen.
Für das Dressing die Sardellen, das Ei, drei Knoblauchzehen sowie den Senf zusammen mit dem Zitronensaft und Pfeffer gut mixen. Langsam unter ständigem Weiterschlagen das Keimöl einträufeln lassen, bis die Sauce sämig ist.
Dann das Toastbrot würfeln und in heißem Öl mit der restlichen Knoblauchzehe zu Croutons braten. Die Sauce über den Salat geben, alles gut vermischen und den fertigen Cesars Salad mit reichlich geriebenem Parmesan und den knusprigen Brotwürfeln bestreuen.

Coq au Vin

Bon Appetit!
Ein besonderer Vogel für Julius Cäsar.

Nicht nur der Schauspieler Till Schweiger hat diesem französischen Klassiker im Film *kokowääh* seine Referenz erwiesen. Das weinselige Hähnchen hat weltweit eine große Fangemeinde.

Bevor wir uns nun in die Auseinandersetzungen zahlreicher Provinzen in Frankreich über das Urheberrecht einmischen, verlassen wir uns einmal mehr auf die Chroniken aus der alten, alten Zeit. Diesmal geht es zurück bis in die Zeit der Gallischen Kriege.

Ein provokantes Kikeriki

Als Julius Caesar mit seinen Legionen den Eroberungsfeldzug durch Gallien unternahm, schickte ihm der Stammeshäuptling der Averner einen Hahn ins Quartier. Kein nett gemeintes Gastgeschenk, sondern eine deutliche Provokation. Denn der Hahn verkörperte immer schon das Symbol für die Tapferkeit der Gallier. Doch der Imperator ließ sich nicht so leicht aus der Reserve locken und reagierte stattdessen außerordentlich souverän. Er lud den Gallier kurzerhand zum Essen ein und servierte das Federvieh in Wein gekocht. Voilà – Coq au Vin est servi.

Das Rezept

Für 4 Portionen

Die Zutaten

1 ca. 1200 g schwere, ausgenommene Poularde
40 g Räucherspeck
250 g Schalotten
40 g Butter
½ Liter Rotwein
2 EL Cognac
1 kleine Dose Champignons
2 EL Mehl
Salz, Pfeffer, Thymian, Estragon
1 Knoblauchzehe, 1 Lorbeerblatt
jeweils 1 Prise Muskat, weißer Pfeffer und Cayennepfeffer
20 g Butter zum Dünsten

So wird's gemacht:

Das Hähnchen waschen, abtrocknen und in Portionsstücke teilen. Salzen, pfeffern und leicht mit Mehl bestäuben.
Speck und Schalotten würfeln, in heißer Butter 5 Minuten dünsten. Aus der Pfanne nehmen und beiseite stellen.
Die Geflügelteile im selben Fett von allen Seiten anbraten, die Hälfte des Weins aufgießen, Cognac und alle Gewürze dazugeben.
Deckel drauf und alles zusammen 15 Minuten dünsten, dann den restlichen Rotwein dazu gießen und weitere 15 Minuten köcheln lassen.
Champignons in Butter dünsten.
Die Hähnchenteile aus der Pfanne nehmen, die Soße durch ein Sieb passieren, Speck und Schalotten wieder dazu geben und abschmecken.
Geflügel mit Soße und Champignons servieren. Dazu schmecken Nudeln oder auch ein Baguette.

Crêpes *Suzette*

Leicht entflammt in Monte Carlo. Als der Pfannkuchen Feuer fing.

Wie es sich für eine französische Süßspeise gehört, darf bei ihrer Entstehungsgeschichte ein bisschen *l'amour* nicht fehlen. Man schrieb das Jahr 1896, als der spätere König Edward VII von England während seines Urlaubs in Monte Carlo eine bezaubernde junge Dame namens Suzette kennenlernte. Ob Schauspielerin oder Näherin ist im Nachhinein nicht mehr festzustellen und spielt für den weiteren Verlauf der Story auch keine Rolle.

Jedenfalls speiste der Thronanwärter eines Tages mit seiner Angebeteten im legendären Cafè de Paris und orderte als Nachtisch dünne Pfannkuchen mit einer Orangenlikör-Sauce. Dem damaligen Lehrling Henri Charpentier wurde die große Ehre zuteil, das Dessert am Tisch des hohen Gastes zuzubereiten.

Zündstoff für den König

Nun fällt auch in der Gastronomie kein Meister vom Himmel. Daher ist es verständlich und verzeihlich, dass dem Azubi bei seiner wichtigen Aufgabe ein Malheur widerfuhr. Beim ungeschickten Hantieren kippte die Flasche Orangenlikör um, der Inhalt entzündete sich in der Flamme unter der Crêpes-Pfanne und setzte so die gesamte Sauce in Brand.

Der Nachwuchs-Koch reagierte geistesgegenwärtig. Schnell tauchte er die Pfannkuchen in die brennende Orangensauce und präsentierte das eigentlich verunglückte Dessert als neue kulinarische Kreation. Edward und seine Begleitung zeigten sich anfangs ziemlich überrascht, doch nach dem ersten Probieren mehr und mehr begeistert. Als Anerkennung taufte der englische Kronprinz den superben Nachtisch „Crêpes Suzette“. Bis heute ein weltweit berühmtes Kompliment für phantasievolle Kochkunst.

Das Rezept

Für 4 Personen

Die Zutaten

125 g Mehl
350 ml Milch
50 ml Mineralwasser
50 g zerlassene Butter
2 Eier
2 unbehandelte Apfelsinen
2 EL Öl
5 EL Zucker
100 ml Orangenlikör

So wird's gemacht:

Aus Eiern, Milch und Mehl sowie der zerlassenen Butter, 1 Esslöffel Zucker und 1 Prise Salz den Crêpe-Teig zubereiten. Mineralwasser und 1 Esslöffel Likör unterrühren. Teig zudecken und 1 Stunde aufgehen lassen.
Die Schale einer Orange abreiben.
Die Apfelsinen auspressen und den Saft auffangen.
Öl in eine Pfanne geben und die Pfannkuchen portionsweise bei mittlerer Hitze von beiden Seiten hellgelb backen. Beiseite stellen und warm halten.
Jetzt den restlichen Zucker und 2 Esslöffel Butter in einer Pfanne schmelzen, den Orangensaft und den Schalenabrieb hinzugeben und einkochen lassen.
Die gefalteten Crêpes in die Pfanne geben, kurz erwärmen und auf die bereit gestellten Teller verteilen. Den Orangenlikör in eine Kelle füllen, anzünden und über die Pfannkuchen gießen.

Christstollen

Schöne Bescherung.
Der Advent ist nicht zum Fasten da.

Der Dresdner Christstollen zählt zum bekanntesten Weihnachtsgebäck in Deutschland. Seit 1996 ist er marken- und patentrechtlich geschützt. Erstmals urkundlich erwähnt wurde die Köstlichkeit auf einer Rechnung des damaligen Bartolomai-Hospitals aus dem Jahre 1474.

Da zu dieser Zeit die katholische Kirche das Sagen und strenge Regeln für die Fastenzeit aufgestellt hatte, wird dieser Stollen nicht viel Ähnlichkeit mit dem heutigen üppig-gehaltvollen Backwerk gehabt haben. Denn seinerzeit waren lediglich bescheidene Zutaten wie Mehl, Wasser und Hefe erlaubt. Butter und Milch dagegen verboten.

Vereint gegen das Butterverbot

Die Dresdner wollten sich damit nicht abfinden. Der Advent war ihrer Meinung nicht zum Fasten da, sondern zum Genießen. Also wurden Kurfürst Ernst von Sachsen und sein Bruder Albrecht bei Papst Innozenz VIII. vorstellig mit der Bitte, das Butter-Verbot aufzuheben. Es dauerte dann noch ein wenig, aber das Warten zahlte sich aus. 1491 gab das katholische Oberhaupt der Anfrage statt und erließ den sogenannten *Butterbrief.* Nun konnten die genussfreudigen Dresdner ihren Stollen ganz legal mit Butter zubereiten und nicht wie bisher nur mit Öl.

Riesenportion für den groOen Hunger

Ab dem 16. Jahrhundert konnte jedermann den Stollen auf dem Dresdner Striezelmarkt kaufen. Aber nicht nur das gemeine Volk liebte das weihnachtliche Gebäck. Auch gekrönte Häupter konnten der süßen Versuchung nicht widerstehen. Einer der größten Fans war August der Starke. Der sächsische Kurfürst hatte 1730 anlässlich des Zeithainer Lustlagers beim ansässigen Bäckerhandwerk einen Mega-Stollen geordert, der zur geplanten Truppenparade ausgegeben werden sollte,

Die Zutatenliste hatte es in sich. 3.600 Eier, 325 Kannen Milch und eine Tonne Weizenmehl wurden unter anderem von den 100 Bäckermeistern und ihren Gesellen verarbeitet, die diese gewaltige Herausforderung umsetzen mussten. Im Vergleich dazu: Das Idealgewicht eines normalen Dresdner Stollens beträgt zwei Kilogramm.

Zum Andenken an den Riesenstollen August des Starken wird jeden Samstag vor dem zweiten Advent in Dresdner ein Stollenfest gefeiert.

Das Rezept

Für 1 Stollen

Die Zutaten

200 g Rosinen
100 g Korinthen
100 g Orangeat
100 g Zitronat
100 g gemahlene Mandeln
100 ml Rum
375 g Mehl
1 Würfel frische Hefe
100 ml lauwarme Milch
175 g weiche Butter
2 Eier
50 g Zucker
1 Pck. Vanillezucker
Je ½ Teelöffel Zimt, Kardamom und Muskat oder
2 Pck. fertige Weihnachtsgewürz-Mischung
1 Prise Salz

Zum Bestreichen
75 g flüssige Butter
75 g Puderzucker

So wird's gemacht:

Rosinen, Korinthen, Orangeat und Zitronat mit Mandeln und Rum mischen. Die Masse gut eine Stunde – für mehr Aroma am besten über Nacht – durchziehen lassen.
Mehl in eine Rührschüssel geben, Hefe darauf bröckeln, Milch, Zucker, Vanille-Zucker, Salz, die Weihnachtsgewürze sowie Eier und Butter hinzufügen und gut vermengen. Dann die Masse mit dem Mixer auf höchster Stufe zu einem glatten Teig verarbeiten.
Abgedeckt an einem warmen Ort etwa 30 Minuten abstellen..
Anschließend den Rum-Rosinen-Früchte-Mix unterkneten. Nochmals abgedeckt 30 Minuten gehen lassen.

Nun das Backblech mit drei Lagen Backpapier auslegen, den Ofen auf 250 °C – Umluft 230 °C – vorheizen.
Jetzt wird der Teig zu einem etwa 30 x 25 cm großen Rechteck ausgewalzt und von der längeren Seite aus aufgerollt. Mit dem Teigroller der Länge nach eine Vertiefung eindrücken. Die linke Seite leicht versetzt über die rechte Seiten einschlagen. Mit den Händen den Stollen zu einem länglichen Laib formen. Nochmals an einem warmen Ort aufgehen lassen, bis er sich sichtbar vergrößert hat.
Zum Backen die Temperatur auf 160°C – Umluft etwa 140°C – reduzieren. Den Stollen ins untere Drittel des Backofens einschieben. Backzeit rund 50 Minuten.
Den fertig gebackenen Stollen noch heiß mit etwas flüssiger Butter bestreichen. Abkühlen lassen und dick mit Puderzucker bestreuen.

Cumberlandsauce

Lecker Sößchen.
Aber bitte von Adel.

Zu Wildgerichten ist die Cumberlandsauce die klassische Ergänzung schlechthin. Aber natürlich passt der pikant-fruchtige Mix aus Johannisbeergelee, Orangen, Zitronen, Portwein und Gewürzen auch perfekt zu Lamm, Rind und anderen Rezepten.

Zwei Paten zur Auswahl

Bleibt nur noch zu klären, woher das leckere Sößchen seinen Namen hat. Wie so oft, gibt es auch hier zwei unterschiedliche Lesarten. Die eine besagt, dass die Sauce nach Prinz Wilhelm August, Herzog von Cumberland, benannt wurde. Als sich dieser während des Siebenjährigen Krieges in Hannover aufhielt, soll sie von einem Hofkoch kreiert worden sein. Die zweite Version spricht die Sauce einem anderen Herzog von Cumberland zu, nämlich Ernst August.

Sozusagen aktenkundig wurde die beliebte Sauce allerdings nicht in Deutschland und auch nicht in England, sondern in Frankreich. Demnach tauchte der Name zum ersten Mal 1904 im Kochbuch *La Cuisine Anglaise* von Alfred Suzanne auf. Immerhin mit dem Verweis, aus Großbritannien zu stammen.

Das Rezept

Für 4 Portionen

Die Zutaten

1 Schalotte
1 unbehandelte Orange
3 EL Rotwein
120 g Johannisbeergelee
2 TL scharfer Senf
2 EL Portwein
etwas Salz

So wird's gemacht:

Schalotte in dünne Ringe schneiden, Orange waschen und trockenreiben. Die Hälfte der Orangenschale sehr dünn abschälen. Den Saft auspressen. Wein und Orangensaft zusammen mit der Schalotte und der Apfelsinenschale aufkochen. Dann bei milder Hitze etwa 5 Minuten weiter köcheln lassen. Die Flüssigkeit danach durch ein Sieb in eine passende Schüssel gießen.
Johannisbeergelee, Senf und Portwein hinzufügen und die Mischung zu einer glatten Sauce verrühren. Mit etwas Salz nachwürzen.

Donauwellen

Alles im Fluss.
Wenn der Backofen surft.

Vorab: Mit der schönen, blauen Donau hat der Blechkuchen aus Rührteig mit Sauerkirschen, Kakao und Buttercreme wohl nichts zu tun. Mit dem Wellengang aber schon.

Dies wird klar, wenn man den fertig gebackenen Kuchen anschneidet. Denn dann erscheint eine deutlich wellenartige Struktur. Das außergewöhnliche Muster entsteht durch die Kirschen, die wegen ihres Gewichts tief in den Teig einsinken und so für eine Berg-und-Tal-Optik sorgen. Dieser Eindruck wird noch durch Wellenlinien verstärkt, die der Konditor mit einer Gabel als Zierde in die Glasur zieht.

Das Rezept

Die Zutaten

Für den Teig:

350 g Mehl
175 ml Milch
175 g Zucker
175 ml Öl
3 Eier
3 TL Backpulver
1 EL Kakaopulver
1 EL Milch
1 Glas abgetropfte Sauerkirschen

Für die Creme:

400 ml Mehl
250 g weiche Butter
2 EL Zucker
1 Pck. Vanillepuddingpulver

Für die Glasur:

200 g geschmolzene Zartbitter-Schokolade
2 EL Nuss-Nougat-Creme
1 EL Öl

So wird's gemacht:

Zunächst den Pudding mit 50 ml Milch und Zucker nach Vorgabe zubereiten. Bei Raumtemperatur auskühlen lassen. Die restliche Milch aufkochen.
Nun ein tiefes Backblech in einer Größe von ca. 30 x 40 cm dünn einfetten und mit Backpapier belegen. Den Backofen auf 180°C Ober-/Unterhitze vorheizen.
Jetzt die Eier mit dem Zucker cremig schlagen und langsam das Ol zugießen. Danach Mehl und Backpulver mischen, abwechselnd mit der warmen Milch unter die Eiermasse rühren.
Die Hälfte des Teigs auf das Blech geben. Den Rest mit Kakao und Milch verrühren und über die erste Lage streichen. Im Anschluss die

Kirschen gleichmäßig verteilen.. Den Kuchen etwa eine halbe Stunde backen. Das Backpapier entfernen und den Teig auskühlen lassen.
Jetzt die weiche Butter cremig rühren. Den abgekühlten Pudding löffelweise dazu geben. Die Masse auf den erkalteten Kuchenboden streichen. Kalt stellen.
In der Zwischenzeit die Zartbitter-Schokolade im Wasserbad unter Rühren schmelzen lassen, Die Nuss-Nougat-Creme sowie das Öl unterrühren. Den Schokoguss auf dem Kuchen verteilen und glatt streichen. In den Kühlschrank stellen, damit die Donauwellen fest werden.

Eggs Benedict

Das etwas andere Frühstücksei.
Ein Extra-Häubchen obendrauf.

Es war ein Morgen wie jeder andere. So sah es zumindest anfänglich aus. Als der Finanzmagnat LeGrand Benedict an diesem Tag im Jahre 1894 wie immer sein New Yorker Stammrestaurant „Delminoco's" betrat, um das Breakfast einzunehmen, konnte niemand ahnen, dass in diesem Moment eine kulinarische Top-Idee geboren wurde.

Während Mister Benedict das Frühstücksei pellte, schickte sein Bauch wohl solch eine oder ähnliche Frage ans Gehirn: „Warum muss es morgens eigentlich immer das Gleiche zu essen geben? Ich hätte Appetit auf ein bisschen Abwechslung!" Das fragte sich LeGrand Benedict ebenfalls und gab seinen Unmut über die Eintönigkeit des Angebots weiter. Chefkoch Charles Ranhofer hörte natürlich davon, dass sich sein prominenter Gast beklagt hatte.

Das kreative Ei des Chefkochs

Und ebenso klar war, dass der Koch den Vorwurf der Einfallslosigkeit keinesfalls auf sich sitzen lassen konnte. Kreativ, wie der Meister der feinen Küche war, hatte er schnell eine delikate Lösung gefunden. Im selben Jahr veröffentlichte Charles Ranhofer in seinem Kochbuch „*The Epicurean*" das Rezept für Eggs à la Benedict: Pochierte Eier auf halbierten Muffins, darüber eine Scheibe gebratener Bacon mit einem Häubchen aus Sauce Hollandaise.

Mittlerweile ist der beliebte Klassiker des US-amerikanischen Frühstücks-Menüs so berühmt geworden, dass jeweils am 16. April *The National Eggs Benedict Day* gefeiert wird. Ehre, wem Ehre gebührt.

Das Rezept

Für 4 Personen

Die Zutaten

100 g Butter
2 Eigelbe
2 EL Weinessig
Je 1 Prise Salz und Pfeffer
Saft einer halben Zitrone
4 Eier
4 Scheiben Frühstücksspeck
4 englische Muffins
1 Bund Schnittlauch

So wird's gemacht:

Butter in einer Pfanne erhitzen. Zwei Eigelbe mit einem Esslöffel Weißweinessig in eine Schale geben und verrühren.
Anschließend das Gefäß in ein Wasserbad stellen, die geschmolzene Butter langsam einrühren. Salz und Pfeffer sowie den Saft einer halben Zitrone hinzugeben. Das Ganze so lange verrühren, bis eine cremige Masse entsteht. Die Schale vom Wasserbad herunternehmen.
Den restlichen Weißweinessig in kochendes Wasser geben. Mit einem Löffel einen Trichter rühren. Vier frische, aufgeschlagene Eier in das strudelnde Wasser gleiten lassen und zwei bis vier Minuten pochieren, bis das Eiweiß gestockt ist.
Den Frühstücksspeck und die Muffins in einer Pfanne anbraten, die pochierten Eier auf die Muffin-Hälften geben. Darauf den Bacon setzen und mit Sauce Hollandaise überziehen. Mit Schnittlauchröllchen garnieren..

Eisbein

Pirouette mit Haxe.
Wie der Schlittschuh zu neuen Kufen kam.

Wie schafften es unsere Vorfahren eigentlich zu Fuß durch den Winter? Einigermaßen flott, denn schon die alten Germanen kannten eine Methode, um bei Eis und Schnee vorwärts zu kommen. Und zwar mit Hilfe der Schienbeinknochen von Schweinen. Aus diesem stabilen Material ließen sich hervorragend Kufen für die Schuhe schnitzen, mit denen man - auf diese Weise ausstaffiert - problemlos über zugefrorene Bäche und Seen gleiten konnte.

Ob die Bezeichnung Eisbein nun tatsächlich von diesem winterlichen Einsatz stammt, ist strittig. Denn Sprachwissenschaftler bevorzugen eher eine andere Version. Demnach führen sie den Namen auf den altdeutschen Begriff „Isben" zurück, der zu dieser Zeit von Jägern und Medizinern für das Hüftbein verwendet wurde. Es scheint durchaus möglich zu sein, dass sich die Bedeutung im Laufe der Jahrhunderte verschoben hat. Dies würde erklären, warum im Neuhochdeutschen das Wort Eisbein für Haxe steht..

Das Rezept

Für vier Portionen

Die Zutaten

1,5 kg Eisbein
4 TL Salz
2 Zwiebeln
2 Lorbeerblätter
8 Pimentkörner
1 TL Pfefferkörner
scharfer Senf

So wird's gemacht:

Zwiebeln schälen und fein würfeln. Einen großen Topf mit Wasser erhitzen, Salz, Zwiebeln, Lorbeerblätter, Piment und Pfefferkörner hinzufügen.
Das Fleisch zugeben und rund 2 bis 3 Stunden bei geschlossenem Deckel köcheln lassen.
Anschließend die Haxe mit einer Schöpfkelle aus der Brühe nehmen, den Knochen auslösen, allzu Fettes abschneiden und portionieren.
Dazu schmecken Sauerkraut und Salzkartoffeln.

Falscher Hase

Weggehoppelt.
Not macht erfinderisch.

Diese Geschichte ist nichts für schwache Nerven und auch nichts für Freunde schnurrender Samtpfoten. Warum? Lesen Sie selbst.

Nach dem Zweiten Weltkrieg gehörten Kaninchen und Hasen mit zu den beliebtesten Sonntagsbraten. Doch es gab ein Problem: Aufgrund des flächendeckenden Bombardements in Deutschland hatte sich der Bestand dieser Tiere massiv verringert. Hasen waren in der Nachkriegszeit sogar fast ausgestorben und durften nicht mehr geschossen werden.

Klarer Fall von Katzenjammer

Nun wollten viele Hausfrauen das schmackhafte Gericht nicht so ohne Weiteres vom sonntäglichen Menüplan streichen. Da traf es sich gut, dass sich die Skelette von Hase und Katze ziemlich ähneln. Damit nahm das Schicksal für die Stubentiger seinen Lauf. Denn für die Bauern, auf deren Höfen viele Katzen lebten, war nicht nur der Verkauf des Fleisches ein lohnendes Zubrot. Auch das Fell, dem heilende Kräfte bei Rheuma und Gicht nachgesagt wurden, brachte ein schönes Stück Geld ein.

Aber Katze zum Mittagessen? Das ging den meisten Köchinnen nun doch zu weit. Um vor der Familie zu verbergen, was da tatsächlich auf dem Teller lag, wurden der Katze Kopf und Pfoten abgetrennt und das Fleisch durch den Wolf gedreht. So kam für die gehackte Katze der Name „Falscher Hase“ zustande. Ein Glück, dass heute für den „falschen Hasen“ kein Langohr, geschweige denn eine miauende Fellnase ihr Leben lassen müssen.

Das Rezept

Für vier Personen

Die Zutaten

4 Eier
50 g Schalotten
2 EL Butter
500 g gemischtes Hackfleisch
40 g Semmelbrösel
3 TL Senf
Salz und Pfeffer

So wird's gemacht:

3 Eier hart kochen. Schalotten fein würfeln und in einem Esslöffel Butter glasig braten. Eier abschrecken und pellen.
Abgekühlte Schalotten mit dem Hack, den Semmelbröseln und dem Senf in eine Schüssel geben. Das verbleibende Ei hinzufügen. Alles kräftig salzen und pfeffern. Mit dem Rührgerät verkneten.
Dann die Masse mit feuchten Händen auf einer Klarsichtfolie flach drücken, die hart gekochten Eier nebeneinander in die Mitte legen, den Teig darüber schlagen und zu einem Laib formen.
Einen Esslöffel Butter zerlassen und den Hackteig damit bestreichen.
Nun den Hackbraten auf ein gefettetes Backblech setzen und im Ofen bei 200 °C auf der mittleren Schiene ca. 45 Minuten braten. Umluft bei 180 °C und 40 Minuten.
Der fertige Falsche Hase sollte anschließend im ausgeschalteten Ofen noch 10 Minuten ruhen, bevor er in Scheiben geschnitten und serviert werden kann. Salzkartoffeln passen gut dazu.

Faschingskrapfen

Voll ins Fettnäpfchen. Ein kugelrundes Schmankerl.

Voll *crassos.* Voll fett. Schon die alten Römer liebten das deftige Schmalzgebäck, von dem zu den jährlichen Frühlings-Bacchanalien Unmengen verzehrt wurden. Die Feierlichkeiten zu Ehren des Weingottes Bacchus fanden jeweils Mitte März rund um den Hügel Aventin statt und waren bekannt für Ausgelassenheit, Trinkgelage und andere leibliche Genüsse im Übermaß.

Die Antike hat sich verabschiedet, der Krapfen ist geblieben. Auch zur Zeit Karls des Großen erfreute sich der *Crapho* bei Jung und Alt großer Beliebtheit. Aus dem 15. Jahrhundert stammen Dokumente, in denen sogar sogenannte *Kraphenbacherinnen* Erwähnung finden.

Der Krapfen, der gerade vor Beginn der Fastenzeit als üppiges Backwerk geschätzt wurde, ist zwar heutzutage das ganze Jahr über erhältlich. Aber speziell zum Fasching hat die Schmalzkugel Hochsaison. Wer einmal in die leckere Köstlichkeit gebissen hat, kann nachvollziehen, woher der Name stammt: Nämlich vom lateinischen Begriff *crassos* für Fett. Lassen Sie es sich schmecken.

Das Rezept

Für 18 Stück

Die Zutaten

500 g Mehl
130 g weiche Butter
200 ml kalte Milch
1 Liter Öl oder 1000 g Butterschmalz
2 gehäufte EL Zucker
1 Pck. Vanillezucker
1 Ei
2 Eigelbe
12 g Hefe
½ TL Salz
3 EL Rum
1 EL Essig
Aprikosenmarmelade

So wird's gemacht:

Hefe mit 100 ml Milch und Salz gut vermischen und eine Stunde stehen lassen.
Butter mit dem Zucker cremig rühren. Nach und nach das Ei und die beiden Dotter hinzugeben.
Jetzt das Mehl zu der Masse sieben. Es folgen die Hefe, Rum und Essig sowie die restliche Milch. Alles zu einem weichen Teig verkneten. Bei Raumtemperatur zugedeckt so lange aufgehen lassen, bis der doppelte Umfang erreicht ist.
Ist der Teig so weit, daraus 18 bis 20 Kugeln formen. Auf einer bemehlten Arbeitsplatte nochmals absetzen und gehen lassen. Dazu die Masse mit einer Klarsichtfolie gut verschließen; nach ungefähr 30 Minuten die Abdeckung abnehmen.
Jetzt das Fett auf 165°C bis 170°C erhitzen. Die Krapfen mit der Oberseite nach unten ins Fett gleiten lassen und den Topf mit einem Deckel schließen. Sind die Kugeln nach 1 ½ Minuten schön braun, umdrehen und nochmals 1 ½ Minuten weiterbacken lassen.
Danach die Oberseite weitere 30 Sekunden im Fett frittieren.
Mit der Tülle die Konfitüre in die fertigen Krapfen einspritzen. Zum Schluss reichlich Puderzucker über das Schmalzgebäck streuen.

Filet Wellington

Hommage an den Sieger von Waterloo. Schmeckt auch in Friedenszeiten.

Urheber des Steaks im Teigmantel war der Geschichte nach Arthur Wellesley, erster Duke of Wellington und Oberbefehlshaber der britischen Armee. Der gebürtige Ire kehrte siegreich aus der Schlacht bei Waterloo zurück, in der er mit Hilfe der Preußen die Franzosen unter Napoleon geschlagen hatte. Für seine Verdienste wurde er in England zum Herzog ernannt.

Wie die Überlieferung weiter berichtet, soll der Duke seinerzeit die Fleisch-Spezialität im Baskenland kennengelernt haben Nach der Schlacht von Vitoria gegen Bonaparte in 1813 machte Wellesley Station in einem Bauernhaus, um dort eine Mahlzeit einzunehmen. Bei dieser Gelegenheit tischte ihm die Bäuerin eben solch ein Filet auf, aufwendig in einer Teighülle gebacken. Ein Gericht, bei dem der Herzog wohl ins Schwärmen geriet. Denn fortan soll das „Filet Wellington“ seine Lieblingsspeise gewesen sein. Daher auch der Name.

Das Rezept

Für 6 Portionen

Die Zutaten

1 kg Rinderfilet
50 g Speck zum Spicken
Knoblauch nach Belieben
30 g Butter
1 EL scharfer Senf
1 Pck. aufgetauten Tiefkühl-Blätterteig
Eigelb zum Bestreichen

Für die Füllung
50 g Butter
150 g Champignons
Petersilie
100 g gekochter Schinken
1 Knoblauchzehe
Pfeffer
2 EL Sherry
1 TL Tomatenmark

So wird's gemacht:

Fleisch spicken und mit zerdrücktem Knoblauch einreiben.
Butter im Bräter erhitzen, das Fleisch rundherum anbraten.
Dann im vorgeheizten Backofen bei 220°C etwa 30 Minuten braten. Es sollte innen noch rosa sein.
Fleisch mit Senf bestreichen und beiseite stellen.
Für die Füllung Champignons, Petersilie und Schinken fein wiegen, in heißer Butter mit zerdrücktem Knoblauch anrösten, pfeffern. Sherry und Tomatenmark hinzufügen. Die Masse rund fünf Minuten dünsten. Darauf achten, dass die Fülle nicht zu dünn wird.
Den aufgetauten Blätterteig zu einem Rechteck auswalzen.
Die Füllung in die Mitte geben, das Filet darauf legen und mit der restlichen Masse bestreichen.
Jetzt den Teig mit dem verquirlten Eigelb einpinseln, sorgfältig zusammenschlagen und an den Enden fest zusammendrücken. Auch außen mit Eigelb bestreichen.
Im Ofen bei 200 °C etwa 35 Minuten goldbraun backen.

Das Filet Wellington vorsichtig in dicke Scheiben schneiden. Aufpassen, dass die Teigkruste nicht bricht.
Anrichten, mit Petersilie garnieren und dazu Gemüse und Sauce Bêarnaise reichen.

Frankfurter Bethmännchen

Oh, wie verführerisch.
Wie vier Mandeln Karriere machten.

Welch ein Glücksfall! Mit der Einstellung von Jean Jacques Gautenier als Küchenchef hatte die Bankiersfamilie Bethmann in Frankfurt eine exzellente Wahl getroffen. Obwohl damals beim Einstand natürlich noch niemand wissen konnte, dass eine Kreation des ideenreichen Franzosen einmal Weltberühmtheit erlangen würde.

Zur Weihnachtszeit hatte sich der Mann aus Paris etwas Besonderes einfallen lassen, wobei vier süße Mandeln eine wichtige Rolle spielten. Der frischgebackene Küchenchef formte aus Marzipanmasse, die damals im 19. Jahrhundert für die allseits hochgeschätzten Brenten verwendet wurde, ein Naschwerk der Extraklasse: Kleine Kugeln, die jeweils mit vier Mandeln verziert wurden – für jeden der vier Bethmann-Söhne Moritz, Karl, Alexander und Heinrich eine. Als letztgenannter 1845 in jungen Jahren verstarb, wurden die „Bethmännchen" nur noch mit drei Mandeln geschmückt. Bald war das Gebäck weit über Frankfurt hinaus bekannt und gehörte in allen Salons zum Standardangebot für den Fünf-Uhr-Tee.

Von höchster Stelle geadelt

Höchste Weihen erhielten die „Bethmännchen" dann beim Fürstentag anno 1863 in der hessischen Metropole. Die Gästeliste las sich wie das *Who is who?* des europäischen Adels und Großbürgertums. Neben Kaiser Franz-Josef von Österreich nahmen 24 Fürsten und vier Bürgermeister an der Soiree teil, die auf dem Landsitz der Familie Bethman, der Villa Ariadne, stattfand. Auch bei diesem gesellschaftlichen Ereignis kam die Komposition aus Marzipan und Mandeln hervorragend an.

Längst hat sich aus der regionalen Spezialität ein internationaler Hit der feinen Confiserie entwickelt. Und das nicht nur zur Weihnachtszeit.

Das Rezept

Für 18 Stück

Die Zutaten

250 g Marzipanrohmasse
100 gemahlene Mandeln
60 g Puderzucker
4 EL Mehl
3 EL Milch
1 Ei
40 g ganze blanchierte Mandeln

So wird's gemacht:

Marzipan hacken, Puderzucker, gemahlene Mandeln und Mehl hinzufügen. Das Ei trennen und das Eiweiß ebenfalls zur Masse geben. Alles miteinander gut verkneten. Ofen auf 176 °C – Umluft 155 °C – vorheizen.
Nun mit den Händen kleine Kugeln formen. Das Eigelb mit der Milch verquirlen. Jeweils drei blanchierte Mandeln in eine Teigkugel drücken.
Zum Schluss die Bethmännchen mit der Eigelb-Milch-Mischung bepinseln. und auf das Backblech legen, das vorher mit Backpapier ausgelegt wurde.
Etwa 15 Minuten backen. Gut auskühlen lassen.

Gugelhupf

Süße Überraschung unter der Haube.
Das Geheimnis wird gelüftet.

Heute schon gegugelhupft? Auch in Zeiten von Donuts, Cup-Cakes & Co. erfreut sich der klassische Napfkuchen großer Beliebtheit. So zahlreich die Rezepte, so unterschiedlich sind auch die Versionen der Namensgebung.

Die meisten Historiker verorten den Gugelhupf ins Kirchlich-Klösterliche, wurde doch die Kopfbedeckung der Kapuziner als Gugel bezeichnet. Ebenso sollen oftmals die Novizen bei ihrem Eintritt in die Abtei ein Gebäck namens *cuculla offa* überreicht bekommen haben. Dabei handelte es sich der Übersetzung nach um ein „Klößchen in Kapuzenform“.

Der Turban als Vorbild

Sogar die Heiligen Drei Könige wurden in Sachen Gugelhupf bemüht. Wie die Legende sagt, soll das Trio auf seiner Rückreise von Bethlehem durchs Elsass gekommen sein und im Städtchen Ribeauvillé Station gemacht haben. Dort wurden die heiligen Männer so herzlich empfangen, dass sie ihren Gastgebern zum Dank einen Kuchen backten, der optisch an den Turban der Besucher aus dem Orient erinnerte. Voila – der Gugelhupf hatte Premiere. Übrigens wird bis heute alljährlich am zweiten Sonntag im Juni *la fête du kougelhopf* gefeiert – ein Fest zu Ehren des Gugelhupfs.

Allen Erklärungen zugrunde liegt die Wortbedeutung, die das Lüften einer Haube beschreibt. Vermutlich bestätigt sich damit die Interpretation, dass die Bezeichnung „Gugelhupf“ das Hochheben der kappenähnlichen Kuchenform meint, nachdem das fertige Backwerk umgedreht wurde.

Das Rezept

Für 12 Portionen

Die Zutaten

500 g Mehl
320 g Zucker
250 g weiche Butter
100 ml Milch
5 Eier
1 Pck. Vanillezucker
1 Pck. Backpulver
1 EL Öl
Puderzucker

So wird's gemacht:

Die Butter mit dem Zucker und Vanillezucker in einer Schüssel schaumig schlagen. Die Eier dazugeben. Das Mehl mit dem Backpulver mischen und abwechselnd mit der Milch zu der Ei-Zucker-Masse geben, bis ein glatter Teig entsteht.
Den Backofen auf 180°C vorheizen; die Backform mit dem Öl ausstreichen
Nun den Teig in die Form füllen und ca. 1 Stunde backen. Auskühlen lassen und den fertigen Gugelhupf mit Puderzucker bestreuen.

Halve Hahn

Humor auf Kölsch.
Was Zugereiste wissen sollten.

Köln-Besucher, die in einer der zahlreichen Traditionsgaststätten einkehren und beim Köbes einen „halben Hahn“ ordern, bekommen mitnichten einen solchen auf dem Teller serviert. In der Domstadt weiß jedes Kind, was unter einem „halve Hahn“ zu verstehen ist: Nämlich ein knuspriges halbes Roggenbrötchen, belegt mit einer Scheibe Gouda, scharfem Senf und ein paar Gurken, vielleicht dazu noch einige Zwiebelringe.

Betrug am Gast? Vortäuschung falscher Tatsachen? Keineswegs, wie ein Blick in alte Chroniken beweist. Hier finden sich einige Legenden, wie es zu der merkwürdigen, verwirrenden Bezeichnung kam. Zwei davon erzählen wir hier.

So oder so der Legende nach

Als seinerzeit ein Wirt seinem Gast ein Brötchen mit Käse auf den Tisch stellte, beschwerte sich dieser mit den Worten: „Ääver isch will doch bloß ne halve han“ – aber ich möchte doch bloß ein halbes haben. Der Wirt teilte das Brötchen wie gewünscht und nannte die kleine Mahlzeit fortan „Halve Hahn“.

Eine andere Geschichte berichtet von einer Hochzeitsgesellschaft, die zum Essen in ein Lokal eingeladen worden war. Problem dabei: Dem Gastgeber fiel beim Eintreffen der Gäste ein, dass er nicht genügend Geld im Beutel hatte, um die bestellten halben Hähnchen zu bezahlen. Der erboste Wirt rechnete ihm daraufhin vor, dass die Barschaft gerade einmal für Käsebrötchen ausreiche. So kam es, dass sich die hungrigen Hochzeitsgäste jeweils mit einem halben Käsebrötchen begnügen mussten.

Das Rezept

Für eine Portion

Die Zutaten

1 Roggenbrötchen
1 Scheibe mittelalter Gouda
Butter zum Bestreichen
1 kleine Gewürzgurke
1 Cocktailtomate
etwas scharfer Senf
1 Radieschen in Stifte geschnitten
Zwiebelringe nach Geschmack

So wird's gemacht:

Das Brötchen halbieren, mit Butter bestreichen und mit dem Käse belegen. Mit Gurke und Tomate garnieren. Einen Klecks Senf dazu. Zwiebelringe und Radieschenstifte auf dem Käsebrötchen verteilen.

Himmel un Ääd

Von Acker und Baum.
So himmlisch kann bodenständig sein.

Im Rheinland zählt ‚Himmel und Erde' zu den Traditionsgerichten, die in jedem Brauhaus auf der Speisekarte stehen. Seit dem 18. Jahrhundert brachten die Hausfrauen aus der Region das einfache, aber durchaus schmackhafte Essen auf den Tisch, das aus Kartoffeln und Apfelmus zubereitet wird.

Daher auch der Name. Während die Kartoffeln aus dem Acker stammen, hängen die Äpfel etliche Stockwerke höher am Baum – also dem Himmel ein Stück weit näher. Als Zugabe kommen vielfach noch gebratene Blutwurstscheiben mit auf den Teller. Damit schmeckt das Ganze noch ein bisschen himmlischer.

Das Rezept

Für 4 Portionen

Die Zutaten

750 g Kartoffeln
750 g Äpfel
6 Zwiebeln
100 g Speck
1-2 EL Zucker
1 EL Zitronensaft
½ TL Salz
Milch
Butter
Muskatnuss
500 g Blutwurst

So wird's gemacht:

Kartoffeln schälen, würfeln und in Salzwasser etwa 30 Minuten kochen.
Ebenfalls die Äpfel schälen, entkernen und in kleine Stücke schneiden.
Ca. 15 Minuten mit Zucker und Zitronensaft garen. Das fertige Mus durch ein Sieb passieren.
Zwiebelringe und gewürfelten Speck in einer Pfanne anrösten.
Die garen Kartoffeln stampfen, Milch, Butter, Salz und Muskat nach Geschmack zum Brei geben.
Blutwurst in Scheiben schneiden und etwa jeweils 1 Minute pro Seite in einer Pfanne braten.
Kartoffelbrei und Apfelmus auf einen Teller geben, die Blutwurst dazu und mit den Speckzwiebeln garnieren.

Hot Dogs

Wau!
Auf den Hund gekommen.

War es wirklich ein Dackel im Brötchen, der den *Heißen Hund* in den USA zum begehrten Fast-Food-Gericht machte? Halten wir uns an die Tatsachen, soweit sie noch nachvollziehbar sind.

Erfinder des originellen Wurstbrötchens war der Hannoveraner Charles Feltman, der 1856 in die Staaten eingewandert war. Elf Jahre später kam der findige Kuchenverkäufer auf die Idee, ein Grillwürstchen zwischen zwei Brötchenhälften zu stecken, es auf einem eigens konstruierten fahrbaren Herd als Imbiss zuzubereiten und anzubieten. Bereits im ersten Jahr soll er auf Coney Island über 4000 Hot Dogs verkauft haben. Der erfolgreiche Geschäftsmann eröffnete wenig später ein Restaurant, das er in den Folgejahren zu einem großen Gastronomiebetrieb mit 1200 Angestellten ausbaute.

Waldi, Bello & Co.

Doch wie kam nun der Name Hot Dog zustande? Glaubt man der Überlieferung, so bestanden wohl in dieser Zeit zahlreiche Würste aus Hundefleisch – zudem waren die deutschstämmigen Metzger dafür bekannt, wurstförmige Hunde zu halten. Womit nichts anderes als Dackel gemeint waren.

Wie auch immer: Auf der Weltausstellung 1893 in Chicago sozusagen in aller Munde, trat der Hot Dog seinen unaufhaltsamen Siegeszug durch die Vereinigten Staaten an. Und: Seit 1916 wird in New York City alljährlich ein Internationales Hot Dog-Wettessen ausgetragen.

Das Rezept

Für 1 Portion

Die Zutaten

1 längliches, weiches Weizenbrötchen
1 Brühwürstchen
Ketchup, milder Senf, Mayonnaise nach Bedarf
Röstzwiebeln, Essiggurken, Sauerkraut, Relishes
oder Krautsalat nach Belieben

So wird's gemacht:

Würstchen erwärmen. Brötchen längs aufschneiden
Das heiße Würstchen zwischen die Brötchenhälften legen
Saucen und weitere Zutaten nach Geschmack hinzugeben.

Kaiserschmarrn

Servus, Sissi!
Solch ein Schmarrn.

Viele Wiener glauben es immer noch. Eine Menge Österreicher sowieso. Denn zahlreiche Anekdoten besagen, dass der Kaiserschmarrn eine Erfindung des Leibkochs von Franz Josef I gewesen sei. Beispielsweise, um der auf ihre schlanke Linie bedachten Kaiserin Sissi eine leichte Mehlspeise servieren zu können. Eine andere Geschichte berichtet, dass die Kaiserin genau aus diesem Grund nur wenig von der süßen Kreation gegessen haben soll und ihr Gatte daraufhin gemeint hätte: „Na, geb' Sie mir halt den Schmarrn her, den unser Leopold da wieder zamkocht hat."

Deftiges von der Alm

Wahrscheinlicher aber ist, dass der berühmte Schmarrn gar nicht in der Hofküche entstanden ist, sondern auf einer Alm in einer Hütte. Weit weg vom Palast hoch drob'n auf dem Berg. Denn hier auf der Senne, im Dialekt auch Kaser genannt, kam die einfache, deftige Speise häufig auf den blankgescheuertenTisch. Zubereitet wurde das Gericht in einer großen gusseisernen Pfanne über offenem Feuer. Die Sennerin riss den Teig aus Milch, Mehl, Eiern, Rosinen und Zucker mit der Gabel in mundgerechte Stücke, so dass jeder in der Runde bequem seinen Anteil aus dem Tiegel angeln konnte.

Wie nun aus dem bäuerlichen Kaserschmarrn ein adeliger Kaiserschmarrn wurde, steht dahin. Vielleicht steckt ein einfallsreicher Fremdenverkehrs-Experte seiner Zeit dahinter, vielleicht wurde die Bezeichnung auch direkt aus Schönbrunn kolportiert. Egal: Noch heute zählt der kaiserliche Schmarrn zu den erfolgreichsten kulinarischen Exportartikeln der ehemaligen Donaumonarchie.

Das Rezept

Für vier Personen

Die Zutaten

5 Eier
50 g Zucker
1 Prise Salz
1 Päckchen Vanillezucker
2 EL Rum
400 ml Milch
250 g Mehl
50 g Rosinen
50 Butter zum Ausbacken
Puderzucker zum Bestäuben

So wird's gemacht:

Eier trennen, Mehl, Zucker, Salz, Vanillezucker, Rum und Milch mit den Dottern in einer Schüssel zu einem glatten Teig verrühren.
Das Eiweiß zu Eischnee schlagen und unter den Teig heben.
Butter in einer große Pfanne zerlassen, den Teig eingießen und von beiden Seiten braten.
In der Zwischenzeit den Backofen auf 180°C vorheizen, dann den Kaiserschmarrn für etwa 10 Minuten in die Röhre stellen, bis er eine goldbraune Farbe angenommen hat.
Die Pfanne herausnehmen, den Teig mit zwei Gabeln in Stücke reißen, die Rosinen hinzufügen und nochmals für 2 Minuten in den Ofen stellen.
Den fertigen Schmarrn mit Puderzucker bestreuen und servieren.

Kalter Hund

Glück auf!
Ein cooler Tipp aus dem Revier.

Simpel, aber köstlich. Wer hätte gedacht, dass geschichtete Kekse mit Kakao-Kokosfett-Creme so gut schmecken können. Bereits im frühen 20. Jahrhundert erfreute sich der „Kuchen ohne Backen“ großer Beliebtheit. Damals gab unter anderem die Firma Bahlsen ein Rezept für einen Schokoladenkuchen mit Leibniz-Keksen heraus.

Und was hat das alles nun mit einem Kalten Hund zu tun? Die Bezeichnung leitet sich von den sogenannten Grubenhunten ab, die damals im Bergbau zum Fördern in Stollen und Strecken zum Einsatz kamen. Ihre rechteckige Bauweise erinnert an die typische Kastenform, in der ein Kekskuchen zubereitet wurde. Und schon hatten die Kalten Hunde ihren Spitznamen weg.

Das Rezept

1 Kekskuchen

Die Zutaten

250 g Butterkekse
450 g Vollmilch-Kuvertüre
150 g Zartbitter-Kuvertüre
150 g Kokosfett
200 g Schlagsahne
2 Pck. Vanillezucker

Außerdem: 1 Gefrierbeutel

So wird's gemacht:

Eine Kastenform mit dem aufgeschnittenen Gefrierbeutel auslegen.
Beide Kuvertüren grob hacken, das klein geschnittene Kokosfett zufügen, alles zusammen mit der Sahne in einem Topf zum Schmelzen bringen und gut vermengen. Zum Schluss den Vanillezucker unterrühren.
Nun die Form abwechselnd mit einer Schicht Kekse und einer Schicht Schokoladencreme auffüllen. Ergibt ca. 7 bis 8 Schichten insgesamt.
Jetzt kommt die Form für etwa 5 Stunden in den Kühlschrank, damit die Creme hart wird. Dann den Kuchen mit einem Messer und mit Hilfe des Gefrierbeutels aus der Backform lösen und auf eine Platte stürzen. Den Gefrierbeutel entfernen.
Den Kalten Hund in Scheiben geschnitten servieren.

Kottenbutter

Kraftfutter aus dem Bergischen.
Von Schleifern bevorzugt.

Zu der Zeit, als an der Wupper noch die Schleifsteine ohne Unterlass liefen, war in den bergischen Handwerkskotten entlang des Flusses Schwerstarbeit angesagt. Denn die Schleifer mühten sich von früh am Morgen bis spät in den Abend unermüdlich ab, die Rohlinge aus Eisen und Stahl für die Abnehmer aus der Industrie in Form zu bringen. Eine extreme körperliche Anstrengung, verbunden mit der alltäglichen Gefahr, durch den Treibriemen verletzt zu werden. Oder auf Dauer an einer Staublunge zu erkranken. Und das für einen armseligen Lohn, der oft nicht einmal für das Allernotwendigste reichte.

Aus diesem Grund mussten sich die meisten Schleifer trotz der harten Arbeitsbedingungen mit einer kargen Mahlzeit begnügen. Kottenbutter nannte sich der frugale Imbiss, der eigentlich nichts anderes war als ein Doppeldecker-Butterbrot mit Mettwurst, Senf und Zwiebeln. Damals ein Essen aus Not. Heute eine Delikatesse im Bergischen Land.

Das Rezept

Für 4 Portionen

Die Zutaten

8 Schreiben Schwarzbrot oder Vollkornbrot
Butter
1 Ring geräucherte Mettwurst, in Scheiben geschnitten
Zwiebelringe nach Geschmack
1 Glas Senf

So wird's gemacht:

Brotscheiben mit Butter bestreichen, mit Mettwurstscheiben belegen. Senf dazu und das Ganze mit Zwiebelringen bedecken. Brotscheiben zusammenklappen und halbieren. Dazu schmeckt ein kühles Bier.

Laugenbrezel

Backe, backe, Kuchen.
Die Brezel als Lebensretter.

Die Brezel gilt nicht nur als das am meisten verbreitete Gebildebrot, sondern hat es auch seit dem Mittelalter zum Zunftzeichen der Bäckerinnung geschafft. Der Name lässt sich auf das lateinische *brachium* zurückführen, das übersetzt ‚Arm' bedeutet und die verschränkte Form des Teigstrangs gut beschreibt. Ursprünglich war die Brezel wohl eine christliche Fastenspeise, wie beispielsweise auf einem Gemälde von Pieter Bruegel dem Älteren von 1559 zu sehen ist. Dort wird *Der Kampf zwischen Karneval und Fasten* dargestellt. Es gibt aber auch Vermutungen, dass die Brezel als Ersatz für heidnische Backwaren, die auf dem Konzil vom Leptinä anno 743 verboten wurden, entstanden ist.

Wesentlich spannender als die wissenschaftlich-historischen Erklärungen ist aber diese Legende: Danach hat ein Bäcker aus Bad Urach, der wegen eines Verbrechens von seinem Landherrn Graf Eberhard zum Tode verurteilt worden war, das Backwerk erfunden. Kurz vor der Hinrichtung ließ der Herrscher noch einmal Gnade vor Recht ergehen. Wahrscheinlich deshalb, weil der Bäcker stets gute Arbeit geleistet und sich auch sonst nichts weiter hatte zuschulden kommen lassen. Die zweite Chance stellte allerdings hohe Ansprüche an die Handwerkskunst des Bäckers.

Sonnige Aussichten

Die Aufgabe lautete, einen Kuchen zu backen, durch den die Sonne dreimal scheinen kann. Sollte ihm das gelingen, wäre er ein freier Mann. Der Bäcker machte sich ans Werk und konnte wenig später stolz die Brezel präsentieren. Worauf ihm das Leben geschenkt wurde.

Einziger Haken: Die schöne Geschichte spielt in der Zeit zwischen 1445 und 1496. Nachweislich war die Form der Brezel jedoch bereits im späten zwölften Jahrhundert bekannt.. Und hat sich seitdem in hunderten verschiedenen Variationen weiterentwickelt.

Die Brezeln werden süß oder salzig angeboten, als regionale Spezialität wie etwa die *Burger Brezeln,* die angeblich aus Wupperwasser und Lehm gebacken werden und nach Zwieback schmecken. Ebenso berühmt sind auch die Laugenbrezel, die Wiesnbrezn zum Münchner Oktoberfest oder die Puddingbrezel aus dem Rheinland.

Das Rezept

Für 9 Portionen

Die Zutaten

500 g Mehl
250 ml lauwarmes Wasser
1 Würfel Hefe
3 TL Zucker
1 TL Salz
40 g weiche Butter
etwas grobes Meersalz

Für die Natronlauge:

1 ½ Liter Wasser
60 g Natron

So wird's gemacht:

Die Hefe in eine Schüssel bröseln, mit dem Zucker und etwas Wasser verrühren. 10 Minuten gehen lassen.
Nun das Mehl, Salz, die Butter, das restliche Wasser und die aufgelöste Hefe zu einem geschmeidigen Teig verkneten. Daraus eine Kugel formen und zugedeckt ca. 40 Minuten gehen lassen, bis sich die Teigmenge verdoppelt hat.
Anschließend den Teig nochmals durchkneten, zu einer Rolle formen und diese in neun gleich große Stücke teilen. Die etwa 90 g schweren Teiglinge zu Kugeln formen und noch einmal 20 Minuten zugedeckt gehen lassen.
Jetzt geht es ans Gestalten der Brezeln. Dazu die Kugeln zu etwa 45 cm langen Strängen ausrollen, wobei die Mitte dicker sein sollte als die Enden. Die Stränge miteinander verschlingen. Die Enden auf der anderen Seite andrücken. Die Brezeln anschließend auf ein mit Backpapier ausgelegtes Backblech legen und 10 Minuten gehen lassen.
Jetzt die Natron-Lauge zubereiten. Dafür das Wasser aufkochen, dann die Temperatur reduzieren. Nun vorsichtig das Natron zugeben. Die Brezeln mit einer Schaumkelle für etwa 30 Sekunden in die Lauge geben. Danach zurück aufs Backblech legen und mit etwas Meersalz bestreuen. Die Laugenbrezeln im vorgeheizten Backofen bei 180°C Ober-/Unterhitze ca. 20 Minuten goldbraun backen.

Lebkuchen

Knusper, Knusper, Knäuschen.
Märchenhaftes aus der Weihnachtsbäckerei.

Hänsel und Gretel haben ihn auf märchenhafte Weise bekannt gemacht. Doch tatsächlich ist der Lebkuchen schon viel, viel älter als die Knusperhaus-Geschichte der Gebrüder Grimm. Denn bereits die Ägypter gaben ihren Pharaonen süßen Honigkuchen mit ins Grab. Im 11. Jahrhundert tauchte der *Pfefferkuchen* erstmals in einer deutschen Klosterhandschrift auf. Jedoch nicht als Naschwerk, sondern als Medizin. Damals wurden Gewürze wie Zimt, Nelken, Ingwer und Muskat – zusammengefasst unter dem Begriff Pfeffer – zur Heilung verschiedener Erkrankungen eingesetzt.

In der Gewürzmetropole angekommen

1409 findet man dann die Bezeichnung *Lebkuchen* in einer fränkischen Chronik. Und damit sind wir auch an dem Ort angekommen, der bald zum Lebkuchen-Zentrum aufsteigen sollte: Nürnberg. Da hier viele Handelswege zusammenliefen, war in der mittelalterlichen Stadt ein Umschlagplatz für Gewürze entstanden. Die Imker aus dem benachbarten Reichswald, der wegen des hohen Vorkommens an Wildbienen auch der *Bienengarten des Deutschen Reiches* genannt wurde, lieferten den Honig dazu – zu dieser Zeit der wichtigste Süßstoff überhaupt.

Zunächst in Formen aus Ton oder Stein zubereitet, wurde der Lebkuchen ab dem 16. Jahrhundert auf der typischen Oblate gebacken. 1643 gründeten die Nürnberger Lebkuchenbäcker eine eigene Zunft, was die Bedeutung dieser Spezialität ihres Handwerks unterstreicht. Seit 1927 ist der Begriff Lebkuchen markenrechtlich geschützt.

Gute Besserung für Elise

Es gäbe noch viel über den Weihnachtsklassiker zu berichten. Eine Geschichte darf aber keinesfalls in dieser kurzen Abhandlung fehlen. Und zwar die Story von Elise. Es war einmal ein Lebküchner, dessen Tochter Elisabeth schwerkrank zu Bett lag. Kein Arzt vermochte ihr zu helfen. Um einen Ausweg zu finden, experimentierte der besorgte Bäcker in seiner Backstube und fabrizierte für sein Töchterchen einen Lebkuchen mit besonderer Rezeptur. Ohne Mehl, dafür aber mit hochwertigen Gewürzen und erlesenen Zutaten, denen große Heilkräfte zugeschrieben wurden.

Das Wunder geschah. Die Bäckerstochter wurde gesund und der Elisen-Lebkuchen war geboren. Übrigens darf diese Variante bis heute lediglich einen Mehlanteil von höchsten 10% aufweisen und muss viele Mandeln und Nüsse enthalten.

Das Rezept

Für 6 Portionen

Die Zutaten

600 g Roggenmehl
600 g Weizenmehl
750 g Honig
250 g Zucker
80 g Wasser
1 Ei
2 Eigelbe
20 g Vanillezucker
30 g Zimt
1 Pck. Lebkuchengewürz
abgeriebene Zitronenschale
12 g Hirschhornsalz
5 g Pottasche
100 g Milch

So wird's gemacht:

Zucker mit dem Wasser aufkochen, den Honig einrühren. Danach auf 30 °C abkühlen lassen.
Das Ei mit den Dottern und der Gewürzmischung schaumig schlagen. Zur Honiglösung geben, diese in das Mehl einarbeiten und gut durchkneten.
Pottasche und Hirschhornsalz jeweils getrennt in der Hälfte der Milch auflösen und ebenfalls nacheinander in den Teig geben. Alles noch einmal durchkneten, zudecken und über Nacht ruhen lassen
Am nächsten Tag den Teig ausrollen und die gewünschten Formen ausstechen. Auf ein Backblech legen, das vorher mit Backpapier ausgelegt wurde, und die Lebkuchen mit Milch bestreichen. Wer möchte, kann das Gebäck noch mit Nüssen dekorieren.
Die Plätzchen bei 160°C Ober-/Unterhitze ca. 15 Minuten backen.

Leipziger Allerlei

Gemüse mit Alibi.
Das perfekte Arme-Leute-Essen.

Wie macht man Leuten klar, die einem ans Portemonnaie wollen, dass Ebbe in der Kasse herrscht? Malthus Hempel, um 1815 gegen Ende der Napoleonischen Kriege Stadtschreiber in Leipzig, hatte angesichts der grassierenden Geldgier der Besatzer einen verblüffend einfachen, deshalb nicht minder genialen Einfall. Einen Einfall, der geradewegs aus der Küche kam. Was den Schluss nahelegt, dass Malthus Hempel einiges vom Kochen verstanden haben muss.

So gab der brave Beamte dem Stadtrat folgenden guten Rat: „Verstecken wir den Speck und bringen nur noch Gemüse auf den Tisch. Sonntags vielleicht ein Stückchen Mettwurst oder ein Krebslein aus der Pleiße dazu. Und wer kommt und etwas will, der bekommt statt Fleisch ein Schälchen Gemüsebrühe. Und all die Bettler und Steuereintreiber werden sich nach Halle oder Dresden orientieren." Damit galt das Leipziger Allerlei als das ideale Gericht, um jemanden vorzumachen, arm zu sein.

Das Rezept

Für 4 Portionen

Die Zutaten

125 g geschälte Erbsen
125 g klein geschnittene Möhren
125 g Spargelstücke
1 geschälte und in Stifte geschnittene Kohlrabi
1 Kopf Blumenkohl, in Röschen zerteilt
40 g Butter oder Margarine
125 ml Wasser
etwas Salz und Zucker
1 TL Speisestärke
1 EL Wasser zum Anrühren
1 EL gehackte Petersilie

So wird's gemacht:

Das Gemüse in der zerlassenen Butter kurz anschwitzen. Wasser angießen, mit Salz und Zucker würzen, und alles bei schwacher Hitze etwa 30 Minuten garen.
Dann mit der angerührten Speisestärke binden, nochmals mit Salz und Zucker abschmecken und mit Petersilie bestreut servieren.

Maultaschen

Kleine Sünden im Verborgenen. Der liebe Gott sieht auch nicht alles.

Mit der Fastenzeit begannen einst auch für die Mönche des mittelalterlichen Zisterzienserklosters im schwäbischen Maulbronn lange Wochen der Entbehrung. Kein Fleisch auf dem Teller! Da musste es doch einen Ausweg geben, das strenge Kirchengebot zu umgehen.

So kamen die Klosterbrüder auf den grandiosen Einfall, das Fleisch zu verstecken. Mit den „Herrgottbescheißerle“, wie die Maultaschen im Volksmund bald genannt wurden, gelang der Plan vortrefflich. Außen harmlose Teigrechtecke, innen gehaltvolle Füllung aus zerkleinertem Fleisch.

Beinah ein Glaubenskrieg

Übrigens reklamieren vielfach auch die Protestanten die schmackhafte Erfindung für sich. Dieser Geschichte nach waren sie es, die den ursprünglich nur mit Kräutern und Spinat gefüllten Teigtaschen heimlich Fleisch zusetzten und das Gericht als Suppeneinlage zu Gründonnerstag servierten.

Auch über den Ursprung des Namens sind sich die Gelehrten uneins. Während die einen die Version vom oben erwähnten Kloster Maulbronn als Namensgeber favorisieren, geht für andere Experten der Begriff auf das 16. Jahrhundert zurück. Als Maultasche wurde in dieser Zeit eine Ohrfeige bezeichnet und später wohl für das Gericht übernommen. Denn mit etwas Phantasie erinnerten die gefüllten Teigtaschen an die leicht geschwollenen Wangen kurz nach einer Backpfeife.

Wie dem auch sei: Schwäbische Maultaschen sind seit 2009 von der EU in ihrer Herkunftsbezeichnung geschützt. Und schmecken nicht nur zur Fastenzeit ausgezeichnet.

Das Rezept

Für 4 Personen

Die Zutaten

2 Eier
200 g Mehl
30 g Hartweizengrieß
Salz
5 EL Öl
4 EL Wasser
1 ½ Liter Brühe
1 EL Schnittlauchröllchen

Für die Füllung

400 g Spinat
1 Zwiebel
1 ½ altbackene Brötchen
200 g Hackfleisch
200 g Bratwurstbrät
1 EL kleingeschnittene Petersilie
2 Eier
Salz, Pfeffer

So wird's gemacht:

Auf einer bemehlten Arbeitsfläche aus Mehl, Eiern, Grieß, Wasser, Öl und Salz einen glatten Teig kneten. Zugedeckt 30 Minuten ruhen lassen. Währenddessen den Spinat drei Minuten in kochendem Salzwasser blanchieren. Brötchen einweichen, Zwiebel fein würfeln, Spinat abtropfen lassen und hacken.
Die ausgedrückten Brötchen mit Hack und Brät, den Zwiebeln, der Petersilie sowie dem Spinat und den Eiern mischen. Salzen und pfeffern.
Den Teig dünn ausrollen und in ca. 15 cm große Quadrate schneiden.
Je einen Esslöffel Füllung darauf geben.
Die Quadrate zusammenklappen und die Ränder fest andrücken.
Fleischbrühe aufkochen, die Maultaschen im offenen Topf 10 Minuten ziehen lassen.
Sie sind gar, wenn sie an die Oberfläche steigen.
In der Brühe mit Schnittlauch bestreut servieren.

Nonnenfürzle

Nicht böse gemeint.
Ein delikates Kompliment.

Was sich im ersten Moment degoutant anhört, ist vielmehr äußerst delikat. Deshalb musste es damals, als der Legende nach der außergewöhnliche Name zustande kam, den betroffenen Novizinnen eigentlich gar nicht peinlich zu sein.

Wie die Chronik berichtet, war eine junge Nonne seinerzeit gerade damit beschäftigt, kleine Krapfen zuzubereiten. Als sie den etwas zu feuchten Brandteig ins heiße Schmalz gab, zischte es kräftig aus der Pfanne. Zufällig hielt sich auch der Bischof in der Küche auf, der natürlich dieses Geräusch mitbekam. Die Nonne ließ daraufhin mit hochrotem Kopf fluchtartig Pfanne und Herd im Stich. So sehr schämte sie sich für das unziemliche Gezische in Gegenwart des hohen Kirchenmanns. Der Bischof nahm es mit Humor und taufte die Mini-Krapfen auf den liebevoll gemeinten Namen *Nonnenfürzle.*

Das Rezept

Für 4 Portionen

Die Zutaten

500 g Mehl
50 g Zucker
30 g Hefe
50 g Butter
¼ Liter lauwarme Milch
1 Prise Salz
4 Eier
1 TL abgeriebene Zitronenschale
Rosinen nach Geschmack
1 kg Öl oder Frittierfett zum Ausbacken
Puderzucker

So wird's gemacht:

Das Mehl mit einer Prise Salz in eine Schüssel geben, in der Mitte eine Mulde eindrücken.
Die Hefe zerbröseln und mit einem Teelöffel Zucker, etwas Milch und ein bisschen Mehl verrühren. Etwa 15 Minuten gehen lassen.
Nun die Mischung zum Mehl in die Vertiefung einfüllen. Drumherum die Eier aufschlagen, Zucker und Zitronenschale hinzufügen.
Jetzt die Butter zusammen mit der lauwarmen Milch zur Masse geben und das Ganze mit dem Mixer zu einem lockeren Teig kneten. Zuletzt kommen noch die Rosinen dazu.
Zudecken und an einem warmen Ort bis zum doppelten Teigvolumen aufgehen lassen.
Nun in einem großen Topf das Fett erhitzen. Mit einem kleinen Löffel Teigstücke abstechen, in das Fett geben und goldbraun ausbacken.
Die fertigen Nonnenfürzle mit dem Schaumlöffel herausheben und auf Küchenpapier zum Abtropfen legen. Sobald das Gebäck etwas abgekühlt ist, mit Puderzucker bestäuben und warm servieren.

Pfefferpotthast

Lecker kochen mit Hast. So mag es der Westfale.

Dieser gehaltvolle Eintopf aus Rindfleisch, dem sogenannten Hast, Zwiebeln, Gewürzen und pfeffriger Brühe hat anno 1378 in Dortmund Geschichte gemacht. Und das kam so.

In diesem Jahr wollten die Grafen von Mark wieder einmal einen Versuch unternehmen, die Freie Reichsstadt zu erobern. Durch wiederholte Rückschläge schlau geworden, bedienten sich die Märkischen diesmal einer List. Verborgen in Heuwagen sollten die Truppen in die belagerte Stadt unbemerkt eingeschleust werden.

Mit List und Tücke

Für diesen Plan bekamen sie Unterstützung von Agnes von Vierbecke. Einer Dortmunder Adeligen, die mit Dietrich von Dinslaken, einem Bruder des Grafen von der Mark, befreundet war. Zunächst lief alles wie am Schnürchen. Die Dame begehrte am äußeren Wißstraßentor Einlass, reklamierte die Wagenladung als Wintervorrat für den eigenen Gebrauch und forderte überdies den Torwächter Hermann Rübenkamp auf, ihr eine Portion Pfefferpotthast von der Fleischbanke zu holen.

Nichtsahnend erfüllte der Wachmann den Wunsch, wozu er allerdings unerlaubter Weise seinen Posten verlassen musste. Kaum war die Luft rein, gab Agnes das verabredete Zeichen, die Söldner stürmten durch den Einlass – doch am inneren Stadttor kamen sie nicht weiter, wurden von der dortigen Wache überwältigt und getötet. Das gleiche Schicksal widerfuhr auch Agnes von Vierbecke und dem pflichtvergessenen Hermann Rübenkamp.

In Erinnerung an diese Begebenheit feiern die Dortmunder bis heute jedes Jahr im Herbst auf dem „Alten Markt“ das große Pfefferpotthast-Fest. Ein Riesen-Event mit vielen westfälischen Spezialitäten, Spiel und Spaß.

Das Rezept

Für 4 Portionen

Die Zutaten

750 g Rindfleisch
500 g gehackte Zwiebeln
100 g Butterschmalz
1 Liter Fleischbrühe
5 Pfefferkörner
2 Lorbeerblätter
2 Gewürznelken
2 EL Semmelbrösel
1 EL Zitronensaft
1 TL Pfeffer
Salz nach Geschmack

So wird's gemacht:

Fleisch würfeln und im Fett anbraten. Gehackte Zwiebeln dazugeben und unter Umrühren mit rösten.
Nun die Brühe aufgießen, Gewürze dazugeben und salzen.
Sobald das Fleisch gar ist, Semmelbrösel in den Eintopf geben, kurz aufkochen lassen und den Pfefferpotthast mit Zitronensaft und Pfeffer abschmecken. Wer mag, kann das Ganze noch mit einem Esslöffel Kapern aufpeppen.

Pfirsich Melba

Zum Dahin-Schmelzen.
Eiskalte Verehrung für eine große Sängerin.

Der berühmte Spitzenkoch Auguste Escoffier muss ein begeisterter Opern-Freund gewesen sein. Dies würde erklären, weshalb er der australischen Sängerin Nellie Melba eine so wundervolle köstliche Referenz erwies. Sicher hat er zwischen 1892 und 1893 öfter das Royal Opera House in London besucht, an dem die Sopranistin in dieser Zeit gastierte.

Denn Escoffier erfand nicht nur ein neues Dessert aus Vanilleeis mit pochierten Pfirsichen, sondern bekrönte das Ganze auch noch mit einem Schwan, der aus einem Eisblock geschnitten wurde. Sozusagen ein eiskalter Applaus für die Melba, die in Wagners Oper Lohengrin als Elsa brillierte.

Den Namen *Pfirsich Melba* bekam der Eisbecher aber erst später zur Eröffnung des Londoner Hotels Carlton im Jahre 1899.

Das Rezept

Für 4 Portionen

Die Zutaten

2 reife Pfirsiche, jeweils ca. 150 g
100 g Zucker
250 g Himbeeren
2 TL Zitronensaft
1 Pck. Vanillezucker
4 Kugeln Vanille-Eis

So wird's gemacht:

Die Pfirsichhaut kreuzweise einschneiden. Die Früchte ca. 1 Minute in kochendes Wasser legen. Mit einer Schaumkelle herausheben, unter kaltem Wasser abschrecken und die Haut mit einem Messer abziehen.
Pfirsiche halbieren, den Stein auslösen.
100 g Zucker in ¼ Liter köchelndem Wasser auflösen, Pfirsichhälften in der Lösung zugedeckt 3 bis 4 Minuten dünsten. Herausheben und abkühlen lassen.
Himbeeren mit Zitronensaft, je 1 Esslöffel Zucker und Vanille-Zucker pürieren und ggf. durch ein feines Sieb streichen.
Jeweils ein wenig Püree auf vier Teller geben, Pfirsichhälften darauf setzen. Darauf je eine Eiskugel legen, mit dem restlichen Püree verzieren.

Pharisäer

Alles Schwindel.
Ein zorniger Gottesmann und die Folgen.

Die Zeitreise katapultiert uns ins 19. Jahrhundert auf die nordfriesische Insel Nordstrand. Dort führte Pastor Georg Bleyer ein strenges Regiment gegen Sünde und Ungehorsam. Wehe dem Schäfchen in seiner Gemeinde, das beim Übertreten der Gebote erwischt wurde. Ein kirchliches Donnerwetter war ihm sicher.

Der Trick mit dem Sahnehäubchen

So gehörte es zu den ungeschriebenen Gesetzen, in Gegenwart des unnachsichtigen Herrn Pfarrers keinen Alkohol zu trinken. Ein Brauch, der allerdings bei der siebten Kindstaufe des Bauern Peter Johannsen listig umgangen wurde. Die cleveren Nordstrander brühten einen starken Kaffee auf, süßten ihn kräftig mit Würfelzucker, gaben einen tüchtigen Schuss Rum hinzu und krönten das Ganze mit einer üppigen Sahnehaube, die verhindern sollte, dass einerseits der Schnaps verdunstete. Und andererseits der harmlos scheinende Kaffee verräterisch nach Alkohol roch. Unnötig zu sagen, dass der Pastor natürlich seinen Kaffee ohne Schuss bekam.

Doch vergebens. Als der Gottesmann dann doch die Sünde der Gemeindemitglieder entdeckte, soll er gerufen haben: „Oh, ihr Pharisäer!“ Auf diese Weise erhielten die Friesen nicht nur ein süffiges Nationalgetränk, sondern dazu auch noch einen geistreichen Namen.

Das Rezept

Für 2 Portionen

Die Zutaten

250 ml heißer starker Kaffee
60 ml Rum
50 g steif geschlagene Sahne
4 Stück Zucker
Heißes Wasser zum Vorwärmen

So wird's gemacht:

Zwei Tassen mit heißem Wasser füllen. Den Rum in einem Topf leicht erwärmen.
Das Vorwärm-Wasser abgießen, jeweils zwei Stück Würfelzucker in die Tassen geben, den Kaffee einschenken. Den warmen Rum dazu, die Sahne auf dem Getränk verteilen und sofort servieren.

Pichelsteiner Eintopf

Ein Kessel Buntes.
So wurden wilde Soldaten ganz zahm.

Jedes Jahr wird am ersten Wochenende nach Jakobi am 25.Juli in Regen das Pichelsteinerfest gefeiert. Aus gutem Grund. Denn die Legende erzählt, dass der beliebte Eintopf dort im bayerischen Wald seinen Ursprung hatte.

Wie es in der Überlieferung heißt, soll anno 1742 eine Bäuerin im Regener Gasthaus „Wieshof“ vom berühmt-berüchtigten Panduren-Kommandeur Franz von der Trenck gezwungen worden sein, ihn und sein Korps zu verköstigen. Leichter gesagt als getan. Denn die Vorräte der Bauersfrau waren kärglich und bestanden lediglich aus ein paar Fleischresten, Kraut und Rüben. All das kam in einen großen Kessel und wurde über dem offenen Feuer gekocht.

Der wilden Soldateska soll die Mischung jedoch so gut geschmeckt haben, dass die Panduren nach ihrer Mahlzeit ganz friedlich von dannen zogen. Ohne wie sonst zu rauben und zu brandschatzen.

Das Rezept

Für 4 Portionen

Die Zutaten

Jeweils 160 g Rinder- und Schweinegulasch
80 g Kalbsgulasch
200 g Zwiebelringe
260 g in Scheiben geschnittene Möhren
130 g Selleriewürfel
260 g Lauchstreifen
600 g gewürfelte Kartoffeln
100 g gehackte Petersilie
2 Liter Fleischbrühe
1 EL Öl
Kümmel, Paprika, Salz und Pfeffer nach Geschmack

So wird's gemacht:

Zwiebeln im Fett andünsten, Rindergulasch hinzugeben und anbraten. Nun 1 Liter Brühe auffüllen und rund 40 Minuten köcheln lassen.
Als nächstes das Schweinegulasch und das Kalbfleisch dazugeben, nochmals 40 Minuten bei schwacher Hitze ziehen lassen.
Die Kartoffeln hinzufügen. Nach 10 Minuten das Gemüse zugeben und das Ganze weitere 10 Minuten köcheln lassen.
Zum Schluss mit Salz, Pfeffer, Kümmel und Paprika würzen. Vor dem Servieren die gehackte Petersilie unterrühren.

Potthucke

Wie festgeklebt.
Der Topfhocker aus dem Sauerland.

Hier haben wir es mit einer deftigen Spezialität aus dem Sauerland zu tun, deren Name eine besondere Eigenschaft beschreibt: Das Kartoffelgericht hat nämlich die Angewohnheit, im Topf hocken zu bleiben. Anders ausgedrückt: Die Speise backt schnell am Boden fest.

Traditionell nach Sauerländer Art wird die Kartoffelmasse mit Speck, Eiern und Sahne im Ofen gebacken, in Scheiben geschnitten und anschließend in einer Pfanne knusprig gebraten. Dazu gibt es Schwarzbrot und Rübenkraut. Als Getränk kommt natürlich nur ein Pils in Frage.

Im 19. Jahrhundert machte Henriette Davidis die Potthucke in ihrem *Praktischen Kochbuch* deutschlandweit als *Puffert* bekannt. Selbst nach Amerika schaffte es das Gericht, da anno 1879 in Milwaukee eine Extra-Ausgabe des Kochbuchs für dorthin ausgewanderte Auslandsdeutsche gedruckt und veröffentlicht wurde.

Das Rezept

Für 4 Portionen

Die Zutaten

1 kg rohe geschälte Kartoffeln
250 g gekochte Kartoffeln
2 fein gewürfelte Zwiebeln
100 g klein geschnittener durchwachsener Speck
250 ml Sahne
150 ml Saure Sahne
4 Eier
Salz, Pfeffer, Muskat
Fett für die Auflaufform
Einige Scheiben Knochenschinken

So wird's gemacht:

Backofen auf 220°C vorheizen.
Rohe Kartoffeln fein reiben, Saft auffangen und beiseite stellen.
Die gekochten Kartoffeln durch eine Kartoffelpresse drücken und mit den geriebenen Kartoffeln mischen.
Speck in einer Pfanne ausbraten, Zwiebeln zugeben und glasig dünsten.
Speck, Zwiebeln und das aufgefangene Kartoffelwasser ebenfalls zur Masse hinzufügen.
Süße Sahne, die Hälfte der Sauren Sahne und die Eier zur Kartoffelmischung geben, alles miteinander verkneten und kräftig mit Salz, Pfeffer und Muskat abschmecken.
Den Teig in eine gut gefettete Auflaufform füllen und im Backofen rund 50 Minuten goldbraun backen.
Mit Knochenschinken und der restlichen Sauren Sahne anrichten.

Pumpernickel

Oft geschmäht und doch geliebt.
Wie der Pumpernickel nach Westfalen kam.

Am Anfang waren Hohn und Spott. Denn das schwarze Brot rangierte in der Beliebtheitsskala ganz weit unten, galt als Nahrung der Armen. Pumpernickel stand ursprünglich wohl für einen ungehobelten Menschen; sogar der Teufel oder ein Rüpel mit Verdauungsproblemen wurden mit diesem Wort bezeichnet.

Nicht nur für Landsknechte eine Zumutung

Auch Hans Jakob Christoffel von Grimmelshausen schmähte in seinem *Simplizissimus* das westfälische Brot als grässlichen Pumpernickel, der offenbar sogar für an Entbehrung gewöhnte Landsknechte eine Zumutung darstellte. Dazu passt der Ausspruch des niederländischen Humanisten Justus Lipsius aus dem 16. Jahrhundert, der damals spottete: „Welch armes Volk, das seine Erde essen muss."

Wie gesagt, es ranken sich zahlreiche Legenden um die heute so beliebte Spezialität. Eine ganz bekannte ist die Sage, dass französische Soldaten seinerzeit nach dem Verzehr von Pumpernickel erklärt hätten, dieses Brot sei nur „bon pour Nickel". Also gerade mal gut genug für Napoleons Pferd Nickel. Sprachwissenschaftler zweifeln diese Geschichte allerdings an

Eine andere Überlieferung berichtet, dass in Osnabrück während einer Hungersnot im 15. Jahrhundert auf Kosten der Stadt Brot für die notleidende Bevölkerung gebacken worden sei, das auf Lateinisch *bonum paniculum* - feines Brötchen - genannt wurde. Der Volksmund verballhornte diese Bezeichnung dann zu Pumpernickel.

Literarisch ein Denkmal gesetzt

Nebenbei: Der Pumpernickel kam auch literarisch zu Ehren. Und zwar im weltberühmten Roman *Jahrmarkt der Eitelkeit* des britischen Schriftstellers William Makepeace Thackeray, der seine Helden während einer Reise im fiktiven Großherzogtum Pumpernickel am Fluss Pumps zusammentreffen ließ.

Wie auch immer: Heute gilt der Pumpernickel als eine herausragende Delikatesse in der westfälischen Küche. So ändern sich die Zeiten und mit ihnen der Geschmack.

Das Rezept

Für 2 Brote

Die Zutaten

700 g Sauerteig aus Roggenschrot
200 g ganze Roggenkörner
Jeweils 350 g feiner und mittelfeiner Roggenschrot
20 g Salz
120 g Rübenkraut
150 g Sonnenblumenkerne
Mehl zum Bestäuben
Etwas Öl zum Einfetten der Formen

So wird's gemacht:

Am Abend zuvor die Roggenkörner mit 200 ml kochendem Wasser überbrühen, über Nacht stehen lassen. Morgens die eingeweichten Körner mit 600 ml Wasser eine Stunde köcheln lassen. Abseihen und das Wasser wegschütten.
Nun die verschiedenen Roggenschrote vermischen, den Sauerteig, die gekochten Roggenkörner sowie die Sonnenblumenkerne dazu geben. Mit dem Mixer gut vermengen.
Jetzt nach und nach Wasser, das Rübenkraut und das Salz hinzufügen. So lange rühren, bis sich der Teig von der Schüssel löst. Mit etwas Mehl bestäuben und zugedeckt ca. 30 Minuten ruhen lassen.
Anschließend die Masse nochmals durchkneten und in zwei gefettete Kastenformen füllen. 2 bis 3 Stunden zugedeckt gehen lassen. Danach mit ein wenig Wasser einpinseln. Die Backformen in Alu-Folie einwickeln und auf die unterste Schiene des auf 150°C vorgeheizten Backofens stellen.
Die Brote am besten über Nacht – etwa 14 Stunden – backen. Nach einer Stunde die Temperatur auf 120°C drosseln.
Nach der Backzeit den Ofen ausschalten, die Brote aber noch etwa eine Stunde in der warmen Röhre stehen lassen.

Sandwich

Kulinarischer Doppeldecker.
Der Klassiker für Zwischendurch.

Geht immer. Schmeckt immer. Das Sandwich ist fester Bestandteil der leckeren Imbiss-Küche. Umso interessanter, sich einmal mit seiner Geschichte zu befassen.

Erfunden hat das Butterbrot der noblen Art im 18. Jahrhundert der 4. Earl of Sandwich, John Montague. Der bekannte englische Politiker war nicht nur ein vielbeschäftigter Minister, sondern auch ein leidenschaftlicher Kartenspieler. Da der adelige Zocker sein Spiel höchst ungern wegen einer Mahlzeit unterbrechen wollte, ordnete er an, ihm das Essen einfach zwischen zwei Brotscheiben zu legen und diagonal durchzuschneiden. So könne er seine Mahlzeit bequem nebenbei einnehmen, ohne die Karten aus der Hand legen zu müssen.

Eine geniale Idee, die auch bei seinen Mitspielern in der Runde ausgezeichnet ankam. So gehörte ein Brot, wie Sandwich es bestellte, schon bald zum typischen Imbiss bei Poker, Bridge, Whist und Rommee.

Bemerkenswert ist, dass anfangs ein Sandwich ausschließlich in den feinen Clubs für Herren serviert wurde. Später im 19. Jahrhundert war es dann auch den Damen gestattet, zur *tea-time* solch einen delikaten Doppeldecker zu ordern.

Nebenbei: Das beliebte Clubsandwich mit Bacon, Huhn, Salat und Mayonnaise stammt nicht aus *good old England.* Diese kulinarische Variante reklamieren die Amerikaner für sich.

Das Rezept

Für 4 Portionen

Die Zutaten

12 Scheiben geröstetes Toastbrot
12 Scheiben Hähnchenbrust-Aufschnitt
12 Scheiben knusprig gebratener Frühstücksspeck
8 Blätter Kopfsalat, in Streifen geschnitten
100 g Mayonnaise
4 hartgekochte Eier
2 Tomaten
1 EL Senf
Salz und Pfeffer

So wird's gemacht:

Mayonnaise mit dem Senf verrühren, salzen und pfeffern. Salatstreifen zugeben und vermengen.

8 Toastscheiben mit dem Mayo-Salat belegen, auf 4 Scheiben zusätzlich die Geflügelbrust verteilen. Die übrigen 4 Brotscheiben mit der Salatseite nach oben darauf setzen.

Tomaten und Eier in Scheiben schneiden und auf die Sandwiches legen. Darauf den Bacon, pfeffern und mit den vier restlichen Toasts als oberste Schicht abschließen. Die Sandwiches diagonal zu einem Dreieck durchschneiden.

Schiller-Locken

Friedrich lockt.
Ein Gedicht aus der Backstube.

Die Frisur des großen Dichters und Dramatikers Friedrich Schiller ist wohlbekannt. Viele Gemälde, Kupferstiche und Skulpturen zeigen ihn mit blondgelockter Haarpracht. In seinem Weimarer Wohnhaus kann man sogar zwei Locken „in echt“ bewundern, die dort in einer Glasvitrine zur Schau gestellt werden.

Der Verfasser der „Räuber“, „Johanna von Orleans“, „Wallenstein“, „Wilhelm Tell“ und anderen Klassikern der Weltliteratur wurde bereits zu Lebzeiten gefeiert wie ein Pop-Star in unserer Zeit. Nach seinem Tod entwickelte sich der Schiller-Kult zum Hype.

Gut möglich, dass sich damals auch ein Konditor von der prominenten Haartracht hat inspirieren lassen und eine süße Schiller-Locke erfunden hat. Wo genau sich der Ursprungsort der mit Sahne gefüllten Blätterteigrollen befindet, lässt sich allerdings nicht mehr recherchieren. Ob es nun in Friedrichs Geburtsstadt Marbach oder in seinem späteren Domizil Weimar war, wo die erste lockige Köstlichkeit kreiert wurde: Eine Schillerlocke aus dem Kuchenbuffet schmeckt überall – ein deliziöses Gedicht, dem großen Lyriker würdig.

Das Rezept

Für drei Personen

Die Zutaten

6 Schillerlocken-Formen
1 Paket Blätterteig
1 Eigelb
Zucker
steif geschlagene Schlagsahne

So wird's gemacht:

Blätterteig ausrollen und in sechs Streifen von jeweils 40 x 4 cm schneiden.
Jeden Streifen nun von der Spitze her um eine Metallform wickeln. Und zwar so, dass der Teig mit zwei Dritteln eine Rundung bedeckt und das letzte Drittel den vorhergehenden Streifen überlappt.
Nun das Eigelb verquirlen, den Teig damit einpinseln und Zucker darüber streuen.
Das Backblech mit Backpapier auslegen, die Schillerlocken darauf setzen und bei 180°C etwa 15 Minuten backen. Leicht abkühlen lassen und von der Form lösen.
Sobald das Gebäck völlig erkaltet ist, mit steif geschlagener Sahne füllen.

Spaghetti alla puttanesca

Liebe macht hungrig.
Was Deftiges als Pausenfüller.

In den fünfziger Jahren hatten es die Damen des leichten Gewerbes in Italien schwer. Denn sie mussten ihre Tätigkeit damals nicht nur in staatlich geführten, geschlossenen Häusern, den *case chiuse,* ausüben. Sie durften zudem nur einmal wöchentlich einkaufen gehen, was die Vorräte in dieser Sieben-Tage-Frist deutlich reduzierte. Abgesehen davon war auch die Zeit aufgrund der nur kurzen Pausen zwischen den Besuchen der Freier meist knapp bemessen.

Da Liebe jedoch hungrig macht und Not bekannter Weise erfinderisch, kamen eines Tages in einem süditalienischen Bordell die Spaghetti nach Hurenart auf den Tisch. Ein schnelles Pastagericht mit pikanter Tomatensauce, die mit Sardellen, Peperoni und Oliven zusätzlich an Schärfe gewinnt.

Das Rezept

Für 4 Personen

Die Zutaten

400 g Spaghetti
3 EL Olivenöl
2 fein gehackte Knoblauchzehen
10 gehackte Sardellenfilets
140 g entsteinte schwarze Oliven
1 EL Kapern
450 g gehäutete und gewürfelte Eiertomaten
Cayennepfeffer
Salz
2 EL gehackte Petersilie
1 oder 2 Peperoni

So wird's gemacht:

Knoblauch und Peperoni in heißem Olivenöl rund 2 Minuten andünsten. Sardellen zugeben und mit einer Gabel zerdrücken. Dazu kommen noch die Tomatenstücke, die Oliven und Kapern. Alles mit Cayennepfeffer abschmecken und 25 Minuten köcheln lassen. Wer es weniger scharf mag, sollte die Peperoni nach dem Andünsten entfernen.
In der Zwischenzeit in einem großen Topf mit reichlich kochendem Salzwasser die Spaghetti bissfest kochen, abgießen und in eine vorgewärmte Schüssel füllen.
Die Pasta mit der Sauce mischen und gehackte Petersilie darüber streuen. Sofort servieren.

Spätzle

Ein Batzen Spatzen.
Nach Art der schwäbischen Hausfrau.

Fachleute schätzen, dass in Deutschland etwa 40.000 Tonnen Spätzle im Jahr produziert werden. Natürlich gehört es zum Ehrgeiz zahlreicher Hausfrauen im Spätzle-Stammland Schwaben, die leckeren Nudeln selbst von Hand herzustellen.

Wobei wir auch schon bei der Namensgebung wären. Denn bevor sich das Teigschaben vom Brett als heute noch gebräuchliche Zubereitungsart durchgesetzt hatte, wurden die kleinen Teigstücke mit der Hand geformt und ins kochende Wasser gelegt. Dies erinnert an das Sprichwort vom Spatzen in der Hand.

Daneben gibt es aber noch eine andere Theorie. Möglicherweise wurde die Bezeichnung Spätzle auch vom italienischen *spezzato* abgeleitet, was so viel wie Geschnetzeltes bedeutet.

Auf jeden Fall reicht die Geschichte der Spätzle weit zurück bis in die erste Hälfte des letzten Jahrtausends. Im Gegensatz zu heute ging es bei den Schwaben, vor allem auf der Schwäbischen Alb, meist ärmlich zu. Da waren die kleinen Spatzen, die im Allgäu übrigens Knöpfle heißen, eine preiswerte, nahrhafte und dazu noch schmackhafte Speise, die gern und oft von der schwäbischen Hausfrau zubereitet wurde.

Das Rezept

Für 6 Portionen

Die Zutaten

400 g Weizenmehl
6 Eier
150 ml Mineralwasser
50 g Butter
Salz
Muskat

So wird's gemacht:

In einer Schüssel Eier mit 1 Prise Salz und Mineralwasser verquirlen. Das Mehl mit einem Schneebesen einrühren. Den Teig so lange schlagen, bis er Blasen wirft und schön geschmeidig ist. Zugedeckt 20 Minuten ruhen lassen.
Reichlich leicht gesalzenes Wasser aufkochen. Der Topf sollte möglichst breit sein.
Nun die Nudeln portionsweise durch die Spätzlereibe ins Kochwasser geben. Alternativ etwas Teig auf einem Brett auftragen und mit dem Spätzleschaber nach und nach dünne Nudel-Abschnitte ins kochende Wasser streichen.
Sobald die Spätzle an die Wasseroberfläche steigen, sind sie gar.
Mit einem Schöpflöffel herausnehmen, abtropfen lassen und in zerlassener Butter schwenken.
Mit Salz und Muskat abschmecken.

Tournedos Rossini

Perfekt komponiert.
Applaus für einen großen Maestro.

Gioachino Rossini war ein überaus produktiver Opernkomponist, der mit Werken wie „Der Barbier von Sevilla“, „Die Italienerin in Algier“ oder „Die diebische Elster“ sehr rasch zum Weltruhm gelangte. Dies erklärt, weshalb es sich der Maestro leisten konnte, bereits im Alter von 38 Jahren in den Ruhestand zu gehen. Mit der Absicht, sich fortan bevorzugt leiblichen Genüssen zu widmen.

In der Folge gehörte er in zahlreichen Restaurants zu den gern gesehenen Gästen. Auch im „Maison Dorée“, das Casimir Moisson 1841 in Paris eröffnet und zu einem angesagten Gourmettempel aufgebaut hatte. Der Chefkoch war es auch, der mit seinen „Tournedos Rossini“ dem sinnenfrohen Künstler ein kulinarisches Denkmal setzte. So richtig bekannt wurden die Rinderfilet-Steaks mit Gänseleber und schwarzen Trüffeln an Madeirasauce jedoch erst durch Auguste Escoffier, der als Küchenchef des Londoner „Savoy“ diese Spezialität zu einer Top-Delikatesse krönte.

Das Rezept

Für 2 Portionen

Die Zutaten

2 Rinderfiletsteaks à 160 g.
2 EL Butter
1 EL Olivenöl
50 g frische Entenleber
2 dicke Scheiben Brioche
1 Dose eingelegte Trüffel
Salz, Pfeffer, Mehl zum Bestäuben

Für die Sauce

1 feingewürfelte Schalotte
100 ml Rinderbrühe
100 ml Madeira
20 g Butter
2 Zweige Thymian
1 EL Butter
Salz

So wird's gemacht:

Backofen auf 80°C vorheizen. In einer Pfanne je 1 EL Butter und Öl erhitzen. Rinderfilets mit Küchengarn in Form binden, pfeffern, salzen. Sofort ins heiße Fett geben und von beiden Seiten kräftig jeweils 2 Minuten anbraten. Herausnehmen, auf einen Teller legen und für 25 Minuten in den Backofen stellen.
In der Zwischenzeit in der Pfanne die beiden Brioche-Scheiben von beiden Seiten bräunen und wieder herausnehmen. Beiseite stellen.
Dann die Schalotten in etwas Butter glasig dünsten, mit der Brühe ablöschen und ein wenig einkochen lassen. Madeira zugeben und aufkochen. Thymian dazu und 10 Minuten köcheln. Dann durch ein Sieb in eine andere Pfanne passieren, auf kleiner Flamme weiter ziehen lassen, bis die Flüssigkeit auf 3 EL reduziert ist.
Nach 25 Minuten die Steaks aus dem Ofen nehmen, den Bratensaft zur Sauce gießen.
Butter in einer Pfanne erhitzen, die Filets darin auf beiden Seiten noch einmal kurz braten.

Gleichzeitig in einer anderen Pfanne die bemehlte Entenleber beidseitig 1 Minute braten.
Nun die Sauce aufkochen und mit 1 EL kalter Butter binden. Das Küchengarn von den Filets entfernen.
Auf jeden Teller eine Scheibe Brioche legen, darauf das Steak setzen und als Topping die gebratenen Leberstücke mit den Trüffeln platzieren, leicht pfeffern und salzen. Mit der Sauce nappieren.

Zwiebeltreter

Hervorragende Beinarbeit.
Kein Grund zum Weinen.

Jedes Jahr im Juli um den Margarethentag war einst auf den Zwiebelfeldern in Bamberg Merkwürdiges zu beobachten. Damals im 17. Jahrhundert machten sich traditionell die Mitglieder der zahlreichen ansässigen Gärtnerfamilien auf, um mit Holzbrettchen unter den Schuhen über die Äcker zu wandern.

Der eigenartige Brauch, die Zwiebeln mit Füßen zu treten, hatte durchaus seinen Sinn. Um das Wachstum der Pflanzen zu fördern, musste das frisch aus der Erde kommende Grün eingestampft werden. Auf diese Weise kam die gesamte Energie der Knolle zugute und wurde nicht an den Austrieb von Blättern und Blüten verschwendet.

Ein kulinarisches Highlight

Schnell brachte das Ritual den Bamberger Gärtnern den Spitznamen „Zwiebeltreter“ ein. Eine Bezeichnung, auf die die Bürger der Stadt heute noch stolz sind. Nicht von ungefähr gehört das jährliche Zwiebeltreterfest im September zu den Höhepunkten im Veranstaltungskalender der Region.

Übrigens war die sogenannte Bamberger Zwiebel wirklich etwas Besonderes. Die historische Sorte mit der unverwechselbaren Birnenform schmeckt mild süßlich und nimmt bis heute unangefochten einen Ehrenplatz in der Traditionsküche im Frankenland ein. Umso bedauerlicher, dass der gewerbliche Anbau im Ursprungsgebiet mittlerweile zugunsten ertragreicherer Sorten stark zurückgegangen ist.

Das Rezept

Für 4 Portionen

Die Zutaten

4 große Zwiebeln
500 g Schweinegehacktes
8 Scheiben knusprig gebratener Speck
2 Brötchen vom Vortag
2 Eier
0,50 l erhitzte Gemüsebrühe
0,25 l Rauchbier
1 Bund Petersilie
1 TL mittelscharfer Senf
Milch zum Einweichen
Butter
Mehl zum Binden der Soße
Majoran, Muskat, Salz und Pfeffer

So wird's gemacht:

Brötchen in Milch einweichen. Zwiebeln aushöhlen. Das Innere der Zwiebeln kleinhacken und in der Butter mit Majoran und Petersilie glasig dünsten. Dann die Brötchen, das Hackfleisch, die beiden Eier und etwas Senf hinzufügen, gut vermengen. Mit Salz, Pfeffer und Muskat würzen.
Anschließend die Hackfleischmasse in die Zwiebeln füllen, die nebeneinander in eine Auflaufform gesetzt werden. Die Gemüsebrühe einfüllen und die Zwiebeltreter bei 180°C ca. 40 Minuten backen. Danach das Rauchbier über die Zwiebeln gießen und nochmals 30 Minuten backen.
Die fertig gegarten Zwiebeln herausnehmen und warm stellen. Nun das Mehl in den Bratensaft einrühren, glatt rühren, salzen und pfeffern. Aufkochen lassen.
Zum Schluss den Speck auf die Zwiebeln legen und das Gericht mit der Soße übergießen.

.

Über die Autorin

Eine gute Lektüre muss das Lesen lohnen. Aus diesem Grund sind Geschichten für Brigitte Waldens das ideale Medium. „Was mich an Geschichten so fasziniert, ist ihre Vielseitigkeit, die sich flexibel an den jeweiligen Inhalt anpasst“, erklärt die Journalistin und Autorin zahlreicher Sachbücher ihr Faible fürs Erzählen. „Ganz gleich, ob es sich um Wirtschaftsfragen, Ratgeber, Firmenpublikationen oder eben um ein Kochbuch handelt: Eine Geschichte wird jedem Thema gerecht und macht daraus einen spannenden Lesestoff.“

In letzter Zeit hat sich die Autorin unter anderem mit der Sparte Regional-Literatur beschäftigt und weiß von ihren Entdeckungstouren immer wieder Interessantes zu berichten.

Zuletzt erschienen sind die Stadt- und Familien-Chronik „Gevelsberg: Objektiv betrachtet“ sowie die Bildgeschichten „Mit Licht geschrieben“. Mit dem „Catwalk“, einer Heimatkunde auf vier Pfoten, bringt Brigitte Waldens eine tierische Komponente in dieses Genre.

Folgerichtig, dass auch der neue Titel mehr bietet als eine simple Rezept-Sammlung. Mit ihrem Buch „Aufgegabelt. Koch-Geschichten mit Geschmack“ unternimmt Brigitte Waldens einen Ausflug in die weite Welt der internationalen Küche. Auf der Spurensuche nach Kuriosem und Köstlichem ist sie fündig geworden und hat von der Reise eine Vielzahl kulinarischer Souvenirs mitgebracht, gewürzt mit lesenswerten Zutaten. Dazu jede Menge Anregungen zum Nachkochen. Viel Spaß dabei.